Para

com votos de paz

Projeto
Manoel Philomeno de Miranda

Reuniões Mediúnicas

Salvador
12. ed. – 2023

COPYRIGHT © (1993)
CENTRO ESPÍRITA CAMINHO DA REDENÇÃO
Rua Jayme Vieira Lima, 104
Pau da Lima, Salvador, BA.
CEP 412350-000
SITE: https://mansaodocaminho.com.br
EDIÇÃO: 12. ed. (3ª reimpressão) – 2023
TIRAGEM: 3.000 exemplares (milheiro: 53.300)
COORDENAÇÃO EDITORIAL
Lívia Maria C. Sousa

REVISÃO
Manoelita Rocha · Plotino da Matta
CAPA
Cláudio Urpia
MONTAGEM DE CAPA
Ailton Bosco
EDITORAÇÃO ELETRÔNICA
Ailton Bosco
COEDIÇÃO E PUBLICAÇÃO
Instituto Beneficente Boa Nova

PRODUÇÃO GRÁFICA
LIVRARIA ESPÍRITA ALVORADA EDITORA – LEAL
E-mail: editora.leal@cecr.com.br

DISTRIBUIÇÃO
INSTITUTO BENEFICENTE BOA NOVA
Av. Porto Ferreira, 1031, Parque Iracema. CEP 15809-020
Catanduva-SP.
Contatos: (17) 3531-4444 | (17) 99777-7413 (WhatsApp)
E-mail: boanova@boanova.net
Vendas on-line: https://www.livrarialeal.com.br

Dados Internacionais de Catalogação na Publicação (CIP)
(Catalogação na fonte)
BIBLIOTECA JOANNA DE ÂNGELIS

F825   FRANCO, Divaldo Pereira. (1927)
            Reuniões mediúnicas. 12. ed. / Divaldo Pereira Franco [*et al.*].
        Salvador: LEAL, 2023.
            88 p.
            ISBN: 978-65-86256-12-3

            1. Espiritismo 2. Mediunidade 3. Projeto Manoel Philomeno de
        Miranda I. Franco, Divaldo II. Neves, João III. Calazans, Nilo IV. Ferraz,
        José V. Azevedo, Geraldo VI. Título

                                                                CDD: 133.90

Bibliotecária responsável: Maria Suely de Castro Martins – CRB-5/509

DIREITOS RESERVADOS: todos os direitos de reprodução, cópia, comunicação ao público e exploração econômica desta obra estão reservados, única e exclusivamente, para o Centro Espírita Caminho da Redenção. Proibida a sua reprodução parcial ou total, por qualquer meio, sem expressa autorização, nos termos da Lei 9.610/98.
Impresso no Brasil | Presita en Brazilo

SUMÁRIO

Dados biográficos de Manoel Philomeno de Miranda	7
À guisa de prefácio	11

1ª PARTE

Reuniões mediúnicas	15
Objetivos	15
Organização	22
Direção	29
Avaliação	33

2ª PARTE

Padrões de qualidade para as reuniões mediúnicas	43
Preâmbulo explicativo	43
Seleção e privacidade	44
Requisitos inerentes aos participantes	52
Preparação e ambiente	58
Normas e procedimentos	62
Direção e doutrinação	72
Objetivos e avaliação	78

DADOS BIOGRÁFICOS

(Excertos da biografia de Manoel Philomeno de
Miranda, por A. M. Cardoso e Silva)

Manoel Philomeno Batista de Miranda nasceu 14
de novembro de 1876, em um lugar chamado
"Jangada", município do Conde, no Estado da
Bahia, sendo seus pais Manoel Batista de Miranda e Dona
Umbelina Maria da Conceição.

Convertido ao Espiritismo na cidade de Alagoinhas,
em 1914, pelo médium Saturnino Fávila, que o curou de
grave enfermidade, conheceu, pouco tempo depois, José
Petitinga, na capital baiana e, com ele, estabeleceu relações
de amizade, começando, assim, a frequentar as sessões da
União Espírita Baiana, recentemente fundada, em 1915.

Fiel discípulo de Petitinga, tinha dele *"em tomo segundo"*, no dizer de Leopoldo Machado – que de sobra o conheceu – a maneira, o estilo especial de tratar e doutrinar os
assistentes das sessões da "União", sempre cheia de ouvintes
interessados ou curiosos das lições espiritísticas de Miranda,
baseadas sempre e infalivelmente num magistral versículo
evangélico.

Em 1918, Manoel Miranda era um dos mais assíduos
frequentadores, interessado superiormente nos assuntos
doutrinários do Espiritismo e um dos mais firmes adeptos

dos seus ensinos. Estava traçada a sua linda trajetória de discípulo fiel...

Em abril de 1921 foi eleito 2º Secretário da "União". Menos de um ano depois, na eleição social do domingo, 22 de janeiro de 1922, tornou-se 1º Secretário. Em 27 de abril de 1939, em virtude da desencarnação de José Petitinga, passou a presidir a primeira sessão como presidente eleito pela Assembleia Geral, sendo reeleito para um novo exercício, que não terminou.

Durante esse longo período de tirocínio espírita, Miranda foi um baluarte do Espiritismo, não só na "União" como em toda parte. Onde estivesse, aí estaria a Doutrina e sua propaganda exercida com a proficiência de um douto, um abnegado – lhano, delicado no trato mas heroico na luta, polido e seguro na destruição dos ataques soezes, das arremetidas baixas ou grandíloquas contra os ensinos luminosos do Consolador.

A sua enorme modéstia não lhe permitiu a produção de uma obra que o destacasse entre os irmãos encarnados. Não queria sobressair-se na Terra, talvez porque agora, tendo acertado, esteja luzindo qual um Sol na Eternidade, para aclarar melhor os "prisioneiros da carne". Os trabalhos que escreveu, *Resenha do Espiritismo na Bahia* e *Excertos que justificam o Espiritismo*, publicou-os sem o seu nome. O 1º, pelo 25º aniversário da União Espírita Baiana, em 23 de dezembro de 1940, e o 2º, em fins de 1941. Em 1931 Miranda já havia publicado um opúsculo *Porque sou Espírita* em resposta ao padre Huberto Rohden.

Além de todos os trabalhos na "União", incansável, presidia também as sessões mediúnicas e trabalhos do Grupo Fraternidade, que se reunia em sua residência, na Rua

Direita de Santo Antônio, nº 45, visitando ainda outros grupos e sociedades, inclusive uma em Alagoinhas.

Sofrendo horrivelmente do coração, subia inúmeras escadas a fim de não faltar às sessões, sorrindo e sempre animado. Quando os Espíritos, conhecedores do seu melindroso estado, recomendavam-lhe o máximo de repouso, diziam-lhe que me entregasse os trabalhos, impávido, ele replicava que era o seu dever.

Queria extinguir-se no seu cumprimento. Sentia imensa alegria em dar os seus últimos dias ao serviço do Cristo!... Não deixaria jamais de subir aquelas escadas enquanto tivesse forças...

Sou depositário das suas últimas palavras a respeito de tal resolução:

" – Agora, sim! Não vou porque não posso mais. Estou satisfeito porque cumpri o meu dever. Fiz o que pude, o que me foi possível. Tome conta dos trabalhos, conforme já determinei."

Era na antevéspera do seu desenlace.

O seu desprendimento deu-se precisamente às 21h40 de 14 de julho de 1942, efetuando-se o sepultamento com grande acompanhamento, no dia seguinte, às 16 horas.

Foi um abnegado do Espiritismo. Fiel discípulo da Seara do Mestre, e queridíssimo de quantos o conheceram, porque quem o conhecia não podia deixar de estimá-lo.

Imitemos o seu exemplo. Até o último instante demonstrou a maior firmeza da tranquilidade dos justos, proclamando e testemunhando a grandeza imortal da Doutrina Espírita.

Salvador, 29/08/1942.

Obras de
Manoel Philomeno de Miranda
psicografadas por
Divaldo Franco

1) *Nos bastidores da obsessão* – FEB, 1ª ed. - 1970.

2) *Grilhões partidos* – LEAL, 1ª ed. - 1974.

3) *Tramas do destino* – FEB, 1ª ed. - 1976.

4) *Nas fronteiras da loucura* – LEAL, 1ª ed. - 1982.

5) *Painéis da obsessão* – LEAL, 1ª ed. - 1983.

6) *Temas da vida e da morte* – FEB, 1ª ed. - 1988.

7) *Loucura e obsessão* – FEB, 1ª ed. - 1988.

8) *Trilhas da libertação* – FEB, 1ª ed. - 1996.

9) *Tormentos da obsessão* – LEAL, 1ª ed. - 2001.

10) *Sexo e obsessão* – LEAL, 1ª ed. - 2002.

11) *Entre os dois mundos* – LEAL, 1ª ed. - 2004.

12) *Reencontro com a Vida* – LEAL, 1ª ed. - 2006.

13) *Transtornos psiquiátricos e obsessivos* – LEAL, 1ª ed. - 2008.

14) *Transição planetária* – LEAL, 1ª ed. - 2010.

15) *Mediunidade: desafios e bênçãos* – LEAL, 1ª ed. - 2012.

16) *Amanhecer de uma nova era* – LEAL, 1ª ed. - 2012.

17) *Perturbações espirituais* – LEAL, 1ª ed. - 2015.

À GUISA DE PREFÁCIO

Caro leitor!

Amigos estudiosos da Doutrina Espírita, após largos anos de experiências mediúnicas, reuniram-se e formaram o Projeto Manoel Philomeno de Miranda, *com o objetivo de desenvolver programas em torno das sessões práticas do Espiritismo e das terapias que podem contribuir para a saúde e o bem-estar das criaturas.*

Fiéis à Codificação, têm-se afeiçoado à pesquisa do fenômeno e aos consequentes resultados do labor, que ora se resolvem por colocar em letra de forma,[1] a fim de ampliar a área do esclarecimento de todo aquele que deseja inteirar-se da delicada questão das manifestações espirituais, nas sessões mediúnicas.

Após haver desenvolvido cursos e seminários sobre o assunto, compilaram os dados e agora os apresentam de maneira simples e clara, ensejando aprofundamento da Obra extraordinária de que Kardec foi o missionário escolhido por Jesus.

---

1. As páginas que constituem o presente trabalho foram, oportunamente, publicadas pela Revista *Presença Espírita* – Salvador, LEAL (nota da autora espiritual).

Projeto Manoel Philomeno de Miranda

Embora de aparência modesta, trata-se de um trabalho sério que, seguido com atenção e cuidado, brindará os estudiosos resultados superiores e relevantes.

Consciente do bem que este opúsculo irá propiciar-lhe, caro amigo, rogamos as bênçãos de Deus para todos nós, convidando-o ao aprofundamento sério e sistematizado da Doutrina Libertadora.

Joanna de Ângelis
Salvador, 31 de outubro de 1992.

1ª PARTE

REUNIÕES MEDIÚNICAS

REUNIÕES MEDIÚNICAS

OBJETIVOS

No capítulo XXIX, item 324 de *O Livro dos Médiuns,* Allan Kardec classifica as reuniões mediúnicas, segundo a natureza, em frívolas, experimentais e instrutivas.

As reuniões frívolas são constituídas de pessoas que se interessam predominantemente pelo aspecto do passatempo e do divertimento através das manifestações de Espíritos levianos que, nessas circunstâncias, têm a inteira liberdade para espicaçarem a curiosidade e o interesse dos participantes com relação às coisas banais, adivinhando a idade das pessoas, o que trazem nas bolsas, fazendo previsões para o futuro, oferecendo pseudossoluções para os "casos de amor" e outros segredinhos de somenos importância.

As reuniões experimentais têm mais particularmente por finalidade a produção de manifestações físicas, de fenômenos objetivos. Kardec afirma que para muitas pessoas representam um espetáculo mais curioso que instrutivo, não sendo raro os incrédulos saírem delas mais espantados que convencidos. Essas reuniões são promovidas pelos Espíritos superiores para que sejam reveladas aos homens as leis que regem o Mundo invisível e suas relações com o mundo físico, constituindo-se poderoso meio de convicção para muitos.

É importante observar que os Espíritos, ao promoverem tais experiências, utilizam-se da forma de expressão científica de cada época para chamarem a atenção dos homens.

Enquanto a percepção de mundo da Ciência não ia além do aspecto mecânico, os fenômenos espíritas evidenciavam-se por meio dos *raps*, *apports* e movimentos físicos de vária ordem. Voltou-se ela para o universo do homem, descobrindo as Leis da Genética e aprofundando o interesse pela compreensão da vida, já os Espíritos colocaram-se nessa direção, revestindo formas ectoplásmicas, transitórias, compostas a partir de material produzido pela célula humana, em condições especiais de manipulação. Na atualidade, ao abandonar a posição rígida do materialismo mecanicista para perceber os fenômenos cósmicos, como manifestações de ondas e vibrações, criando a Cibernética, as conquistas tecnológicas da eletrônica, dos computadores, e eis que os Espíritos passam a atuar nessa área, interferindo nos circuitos, inserindo suas faixas de pensamento na frequência desses aparelhos para revelar aos homens a indestrutibilidade da vida e a realidade espiritual.

As reuniões instrutivas, como o próprio nome indica, são as que ensejam orientações e experiências de crescimento intelecto-moral para as pessoas que delas participam. O ascendente moral da presença dos Espíritos nobres deve ser assegurado através do interesse dos encarnados pelas questões sérias, o que denota aspiração sincera de se instruírem e melhorarem. Kardec reforça a seriedade como condição primordial, esclarecendo que, séria, na acepção integral da palavra, só o é a reunião que cogita de assuntos úteis com exclusão de tudo mais. A base de raciocínio do codificador para tal assertiva é o não poder aliar-se o sublime ao trivial nem se obter o concurso dos bons Espíritos sem se criarem condições propícias para que eles venham às reuniões.

São nessas reuniões instrutivas e sérias que se pode receber os ensinos da Doutrina e aprofundá-los através do exame das proposições morais dadas pelos Espíritos, do estudo dos fatos e da pesquisa sobre a teoria e causa das manifestações mediúnicas. Essas são as reuniões que, hoje, denominamos, no Movimento Espírita, de mediúnicas, e que serão objeto de uma série de reflexões para sinalizarmos alguns aspectos indispensáveis, à guisa de modesta contribuição, para quantos delas participam, no sentido de conscientizá-los melhor quanto às responsabilidades inerentes a essa participação.

Arguido, em seminário promovido pela União das Sociedades Espíritas (USE – abril/1980), Divaldo Franco declarou que existem pessoas que afirmam gostar das reuniões mediúnicas porque nelas vão fazer a caridade. Esse pensamento não é correto, porque, na verdade, *ali é o lugar onde vamos aprender e receber a caridade*, esclareceu o médium e tribuno baiano. Justificando o seu conceito, Divaldo elucida que o Espírito em sofrimento, a quem pressupomos estar socorrendo, é que nos está fazendo a caridade, porque está dizendo sem palavras: *Olhe o que aconteceu comigo. Ou você muda de comportamento ou vai acontecer com você a mesma coisa!*

Então, o primeiro objetivo das reuniões mediúnicas é a instrução dos participantes encarnados. Que seja, portanto, o nosso propósito constante o de aproveitar cada lição, cada depoimento, como uma oportunidade de aprender, uma instrução prática que os bons Espíritos estão nos ensejando. Jamais nos coloquemos diante do fato espírita como se o mesmo nada tivesse a ver conosco, como se, pretensiosamente, já tivéssemos superado totalmente aquele problema-lição que nos chega.

No livro *O que é o Espiritismo*, capítulo II, item 50, Allan Kardec afirma: *"O fim providencial das manifestações é convencer os incrédulos de que tudo para o homem não se acaba com a vida terrestre, e dar aos crentes ideias mais justas sobre o futuro"*. Mais uma vez aparece claramente a importância do aprendizado para os participantes das reuniões mediúnicas, os crentes, no dizer de Kardec.

Daí, surge uma colocação adicional: o convencimento dos incrédulos, propiciado como decorrência das comunicações obtidas nas reuniões mediúnicas. Esse é o segundo objetivo dessas reuniões. Não deveremos entendê-lo como um proselitismo vulgar de arremessar informações espíritas contra as crenças alheias, sem qualquer preocupação com o respeito devido às liberdades individuais. Nem se entenda que para convencer os incrédulos devamos abrir as nossas reuniões mediúnicas aos negadores sistemáticos, materialistas e gozadores de todo jaez, sem o mínimo conhecimento do que ali se passa e totalmente desarmonizados para tão relevante cometimento, pois foi exatamente o contrário o que preconizou Kardec no item 34 de *O Livro dos Médiuns*, capítulo III, intitulado "Do Método", e em todo o capítulo XXIX da monumental obra. No nosso entender, o que Kardec quis colocar é que as reuniões devem produzir comunicações convincentes, de qualidade, verdadeiras e instrutivas, de modo a revigorar o corpo da Doutrina e fazê-la avançar para que permaneça como farol norteando a caminhada evolutiva do homem.

Convencer os incrédulos é tarefa muito mais da Doutrina que do fenômeno, pois que aquela transcende a este, conferindo-lhe bases interpretativas legítimas e sólidas. Se fenômenos impressionantes aparecem na esfera de responsabilidade de alguns médiuns (uns de prova, outros em missão), a Doutrina pode e deve brotar de cada grupo mediúnico sério (e todos devem sê-lo) como um minadouro de água cristalina.

Nas reuniões mediúnicas, os princípios revelar-se-ão nos detalhes, a lei mostrar-se-á nos exemplos, o substrato moral far-se-á remédio e orientação, tudo isso compondo uma massa crítica de informações e transformações energéticas que inevitavelmente irá irradiar-se, promovendo o progresso alvitrado por Kardec e pelos Espíritos.

O espiritista adestrado nas lides mediúnicas saberá expor os fatos espíritas com entusiasmo e critério. Por outro lado, em se transformando moralmente, mostrará a força equilibradora dos postulados abraçados, transformando-se num divulgador natural da Doutrina: – a fé restaurada sob as bases do conhecimento imortalista.

Poderíamos dizer que os materialistas por sistema e os incrédulos de má vontade e de má-fé, que Kardec situou claramente na obra e capítulo anteriormente citados, por enquanto inabilitados e bloqueados para o ensino direto da Doutrina, recebem benefícios indiretos através do progresso que o conhecimento espírita introjeta na sociedade.

Mas, não somente esses são incrédulos. Também o são a imensa multidão dos desanimados, dos que perderam momentaneamente a esperança de encontrar um caminho para a fé no meio de tantas aflições que experimentam, e os ingênuos que, cansados do ludíbrio e da exploração vil a que foram submetidos, batem às portas da Casa Espírita procurando o abrigo do Consolador.

Esses incrédulos podem e devem receber os benefícios diretos da fé. Muitos deles estão desencarnados e constituem a nossa clientela de trabalho nos labores mediúnicos, onde recebem as terapias desalienantes quanto consoladoras de que carecem. Outros tantos estão encarnados e igualmente acorrem às nossas Casas com as mesmas motivações e necessidades. Recebidos e aclimatados, aliviados e esclarecidos, podem pleitear, se o desejarem, o labor mediúnico onde se esclarecerão em profundidade enquanto servem.

Não passou despercebido a Kardec outro aspecto das reuniões mediúnicas, a finalidade complementar da instrução e sua consequência lógica, ou seja: a ação benfazeja, a oportunidade de sermos úteis aos nossos semelhantes enquanto nos instruímos. Foi por isso que ele escreveu no capítulo XXV de *O Livro dos Médiuns*, item 281: *a evocação dos Espíritos vulgares tem, além disso, a vantagem de nos pôr em contato com Espíritos sofredores, que podemos aliviar e cujo adiantamento podemos facilitar por meio de bons conselhos...*

Este é o terceiro objetivo das reuniões mediúnicas, que é decorrente dos demais. Esta finalidade está perfeitamente embasada em posições religiosas, pois Jesus definiu claramente a importância das terapias socorristas aos Espíritos sofredores da Erraticidade ao recomendá-las aos seus discípulos, conforme anotou Mateus, no capítulo 10, versículo 4: *"Tendo chamado os doze discípulos, deu-lhes autoridade sobre espíritos imundos para os expelir e para curar toda sorte de doenças e enfermidades"*, e também no versículo 8: *"curai enfermos, ressuscitai os mortos, purificai leprosos, expeli demônios; de graça recebestes, de graça dai..."*.

Desse modo, aponta-se como tarefa precípua do Cristianismo, hoje restaurado em sua essência pelo Espiritismo, pelo menos nessa fase histórica em que vivemos, de planeta de expiações e provas, a cura das feridas morais dos indivíduos e a desobsessão coletiva da sociedade, sem o que o progresso social e moral tornar-se-á mais difícil e demorado.

Na mensagem intitulada "Enfermagem espiritual libertadora", constante do livro *Temas da vida e da morte*, psicografia de Divaldo Franco, diz o autor espiritual, Manoel Philomeno de Miranda, que as terapias de socorro aos Espíritos sofredores já eram praticadas no Plano espiritual, como ainda hoje o são, antes do advento do Espiritismo. Com a sua chegada ao universo dos homens, criaram-se regras e orientações seguras para o exercício mediúnico, e as reuniões de objetivos elevados passaram a ser realizadas de modo vasto, no plano físico, com o intuito de acelerar a marcha de regeneração da Humanidade.

Esses apontamentos do amigo espiritual fazem-nos recordar o Pai-nosso que nos leva sempre a repetir: *"... seja feita a tua vontade, assim na Terra como no Céu"*.

Isso significa uma transferência de qualidade, uma proposta de trabalho para que sejamos capazes de implantar em nosso plano o que já existe nas Esferas da Vida Maior. Portanto, fazer reuniões mediúnicas entre nós, multiplicá-las em quantidade e, sobretudo, em qualidade, está no contexto desse grande projeto divino de fazer com que seja assim na Terra como no Céu.

Assim, o lidador das tarefas mediúnicas deve ter sempre em mente os magnos objetivos do intercâmbio espiritual: instruir-se e aperfeiçoar-se moralmente com vistas ao futuro espiritual; produzir comunicações convincentes para que a Doutrina possa convencer os incrédulos e, por fim, colaborar com os Espíritos superiores na tarefa de aliviar e aconselhar os Espíritos sofredores, facultando-lhes o burilamento moral através de bons conselhos e exemplos salutares.

ORGANIZAÇÃO

Uma reunião mediúnica é trabalho que se desenvolve entre os dois planos da vida, o espiritual e o físico, havendo, portanto, duas equipes interagindo para a obtenção dos resultados.

A natureza dos Espíritos que assessoram e participam das nossas reuniões mediúnicas é a que fazemos jus pelo processo de sintonia que sejamos capazes de oferecer. Se quisermos a presença dos bons, teremos que atraí-los pela elevação de nossos pensamentos e propósitos de edificação, como tão bem ensinava Kardec ao escrever, em *O Livro dos Médiuns*, capítulo XXIX, item 327: *"Não basta, porem, que se evoquem bons Espíritos; é preciso, como condição expressa, que os assistentes estejam em condições propícias, para que eles assintam em vir"*.

Assim sendo, todo esforço de organizar reuniões deve começar pela seleção adequada de seus integrantes. Ter sempre em mente esta colocação do codificador, conforme se lê em *O Livro dos Médiuns*, capítulo XXIX, item 331: *"Uma reunião é um ser coletivo, cujas qualidades e propriedades são a resultante das de seus membros e formam como que um feixe. Ora, este feixe tanto mais força terá, quanto mais homogêneo for"*.

Como iremos conseguir essa coesão, essa unidade, com um grupo já desde o início excessivamente heterogêneo, se não temos critérios adequados para agregar novos elementos? Esperar que o valor da própria tarefa retifique características pessoais e psicológicas muito afastadas da média, seria desconhecer os processos da natureza humana, que, normalmente, não dá saltos.

Ainda no capítulo XXIX, itens 329, 332, 333, 335 e 338 do primeiro tratado de paranormalidade humana, ao colocar o problema da homogeneidade, Kardec preocupou-se com inúmeras questões práticas, como o número de participantes, que não deveria ser excessivo, a regularidade das reuniões, a inconveniência da presença de médiuns obsidiados e a circunspecção que devemos ter na admissão de elementos novos, chegando mesmo a dizer: *"As grandes assembleias excluem a intimidade, pela variedade dos elementos de que se compõem [...]. Nos agregados pouco numerosos, todos se conhecem melhor e há mais segurança quanto à eficácia dos elementos que para eles entram. O silêncio e o recolhimento são mais fáceis e tudo se passa como em família".*

Concluindo o seu excelente trabalho, listou no item 341, do capítulo já referido, os requisitos indispensáveis para o êxito de uma reunião mediúnica séria: *"Perfeita comunhão de vistas e de sentimentos; cordialidade recíproca entre todos os membros; ausência de todo sentimento contrário à verdadeira caridade cristã; o desejo único dos participantes de se instruírem e melhorarem por meio dos ensinos dos Espíritos; recolhimento e silêncio respeitosos; isenção, nos médiuns, de todo sentimento de orgulho, de amor-próprio e de supremacia".*

A essa tão ampla gama de requisitos, atrevemo-nos a acrescentar os seguintes: consciência clara dos objetivos da prática mediúnica; compreensão do papel a desempenhar, de acordo com a função de cada participante; esforços continuados de todos para se capacitarem; cooperação recíproca; e motivação permanente.

Toda e qualquer atividade humana, para ter êxito, exige do candidato, sobretudo, vocação para o empreendimento. Em seguida vêm os esforços do treinamento, da adaptação e valorização do trabalho, como formas de sustentar o interesse e liberar as forças criativas do indivíduo, latentes no imo de si mesmo. Por que no trabalho da mediunidade, onde lidamos com forças poderosas, desconcertantes mesmo e ainda não totalmente dominadas, teremos que improvisar e deixar que as coisas se resolvam por si mesmas?

Nos primeiros contatos com o Centro Espírita, as pessoas, via de regra, estão ansiosas, com feridas ainda não cicatrizadas oriundas dos relacionamentos sociais litigiosos, declarados ou não, sofrendo de neuroses, conflitos íntimos e incompreensões. Tem-se que permitir o asserenar dessas tensões, o amainar dessas tormentas psíquicas, a estabilização dessas energias descontroladas sob pena de se transformar tentativas de ajuda em maiores perturbações e dificuldades, daí advindo o desencanto e a apatia.

Um número razoável de pessoas tem-se inutilizado no expressar de suas possibilidades mediúnicas, por um largo período, ao serem colocadas em reuniões práticas antes de tempo, despreparadas. Nada mais negativo do que tentar engajamentos precipitados de pessoas com distúrbios psicológicos, ainda que relacionados com a eclosão da mediunidade. Se há mediunidade em afloramento e efetivo interesse do portador em educá-la, acolhe-se o neófito, dá-se-lhe assistência fraterna, orienta-se-lhe o estudo, facilita-se-lhe a integração no trabalho da Casa, a fim de que ele, na ocasião oportuna, possa canalizar suas forças medianímicas de uma forma segura.

Colocando a questão da seleção dos participantes para as reuniões mediúnicas, diremos com Nilson de Souza Pereira, presidente do Centro Espírita Caminho da Redenção, que devemos selecioná-los pelo seu empenho, assiduidade, caráter, devotamento e interesse em querer participar ativa e responsavelmente do grupo. Esta colocação de Nilson remete-nos à ideia de que trabalho mediúnico é para pessoas integradas à vida do Centro Espírita.

Devemos entender integração como uma realização permanente, um esforço continuado de vivência do ideal e de convivência fraterna. É preciso descobrir o prazer de estar junto, de construir solidariamente a seara de amor que o Senhor nos confiou, e esses estar e caminhar juntos significam, sobretudo, um compromisso de trabalho com alegria.

Lembraríamos alguns programas integrativos de real valor para as nossas equipes mediúnicas:

a) **Participação nas atividades do Centro** – Essa é uma responsabilidade grande dos dirigentes de reuniões que, além de participar, devem estimular todo o grupo para esse mister. De relevância, neste particular, os trabalhos assistenciais da Casa, pois, refletindo com André Luiz: *"... os Espíritos acompanham os trabalhadores da mediunidade examinando-lhes os exemplos."*

Na opinião de Suely C. Schubert, com a qual concordamos plenamente, o grupo mediúnico não pode se constituir um corpo isolado dentro da Instituição.

b) **Conversação edificante** – Bastam os seguintes conselhos de André Luiz: *"Claro que, terminada a reunião,* *se sintam os integrantes do grupo inclinados a entrelaçar pensamentos e palavras na conversação construtiva [...]. Falemos cultivando bondade e otimismo. Importante que a palavra não descambe para qualquer expressão negativa...".*

Nunca é demais esclarecer que a conversação deve se passar fora da sala onde se desenrolam os trabalhos, pois que a saída dos participantes dar-se-á, necessariamente, em clima de absoluta harmonia e silêncio.

c) **Estudo** – Poucas coisas integram mais do que o estudo. A desmotivação geralmente toma corpo quando as pessoas, não tendo ânimo para o estudo metódico dos assuntos pertinentes à mediunidade, deixam de apreender o quanto poderiam, as lições e os resultados auferidos nas reuniões. Há um aprendizado muito rico que se adquire na conversação sadia, na troca de experiências, o qual, muitas vezes, deixa-se de absorver dada a pressa de retorno ao lar ou de voltar mentalmente para as faixas comuns em que habitualmente nos movimentamos.

Esse aprendizado prático obtido pela reflexão, pelos questionamentos que façamos aos mais experientes, é tão importante quanto o estudo metódico organizado que a Instituição, ou o grupo, deverá promover, mas do qual se incumbirá, também, o seareiro, por iniciativa pessoal, num esforço de autodidatismo dos mais valiosos.

d) **Culto do Evangelho no Lar** – As diretrizes para a sua correta feitura podem ser encontradas no livro *Messe de Amor*, psicografia de Divaldo Franco, pelo Espírito Joanna de Ângelis, capítulo 59.

André Luiz coloca a sua necessidade, tendo em vista atender os Espíritos que habitualmente estacionam em nossos lares e os que para ali são conduzidos antes ou após as tarefas da desobsessão. O trabalhador da mediunidade precisa manter, no lar, a *lâmpada* da oração permanentemente acesa.

É uma boa prática o grupo mediúnico fazer o culto do Evangelho, periodicamente, na residência de cada um de seus membros, mediante revezamento entre os que desejam. Convêm manter, nessas ocasiões, um compromisso de simplicidade, servindo tão somente água fluidificada, para evitar que o evento se transforme num acontecimento social, com lanches e outras iguarias, o que inibe, naturalmente, os que não podem oferecê-los ao nível dos demais. Reforçar, sobretudo, nesses encontros, a inconveniência das comunicações ostensivas.

Outra questão a tratar, ainda que de passagem, é a preparação dos participantes. Habilidade e esforços fazem-se necessários para superar o cansaço natural decorrente das lutas e preocupações existenciais, de modo a assegurar a condição de recolhimento íntimo preconizado por Kardec.

João Cléofas, Espírito, na obra *Suave luz nas sombras*, psicografia de Divaldo Franco, adverte-nos contra as ciladas contínuas da insensatez, do cansaço, da desmotivação, da rotina, além de outros inconvenientes imagináveis, como forma de se evitar que a mente sonolenta e indisposta perturbe o fluxo da corrente vibratória do Mundo espiritual para a Terra e desta para aquele, comprometendo o resultado da reunião.

Há problemas compreensíveis gerados pela agitação da vida moderna, principalmente nos grandes centros urbanos. Como são raras as pessoas que se podem colocar a salvo dessas dificuldades, paga-se o ônus correspondente. A solução para a problemática passa por uma decisão séria:

economizar forças, não gastar energias com o culto à inutilidade; jamais se afadigar por coisas e valores dispensáveis; meditar, o quanto possível, buscando colocar a mente em temas superiores quanto edificantes.

Manoel Philomeno de Miranda recomenda-nos dormir um maior número de horas no dia que antecede o compromisso mediúnico, como um pré-operatório, usando expressão de Divaldo Franco, que também nos ensina que a frequência às reuniões doutrinárias é um dos recursos para superar esses impedimentos, porque o trabalhador já se vai ajustando ao circuito de forças do labor mediúnico.

Outra condição importante a se considerar seria o cuidado com o ambiente, que, segundo a maioria dos autores especializados no assunto, deveria ser o mais confortável possível (ventilado, amplo, asseado, etc.). Sobretudo considerar, com André Luiz, que *os labores da desobsessão* – e por que não dizer das reuniões mediúnicas em geral – *requerem o ambiente do templo espírita para se desenvolverem com segurança.* Reservá-lo, portanto, exclusivamente, para tal mister e atividades afins. Não seria preciso aprofundar o quanto é prejudicial à harmonia do trabalho realizado pelos Espíritos, muitos deles antecipadamente, a utilização desse santuário para outras atividades incompatíveis com o labor mediúnico, em que nossa mente pudesse distraidamente prejudicar as operações permanentes da Equipe espiritual ou impregnar aquele espaço dedicado à oração e à enfermagem espiritual com vibrações mentais de teor menos digno.

Finalizando, abordaremos a questão da assiduidade, que merece uma atenção especial dos participantes do grupo mediúnico, uma vez que os benfeitores espirituais, no dizer de André Luiz, esperam que *estejamos atentos às obrigações que depositam em nossas mãos e nas quais não devemos falhar.* A ausência de um companheiro, entre outros prejuízos, causa apreensão no grupo, contribuindo para a indisciplina mental.

Assumido o compromisso, coloquemo-lo na pauta de nossas prioridades e, a não ser por motivo justificável pela nossa consciência, jamais deixemos de comparecer, no horário previsto, ao labor do intercâmbio espiritual.

DIREÇÃO

Uma reunião mediúnica séria, para atingir seus objetivos com resultados satisfatórios, não pode prescindir de uma Direção estruturada no seguinte perfil moral: autoridade fundamentada no exemplo, hábito de estudo e oração, afeição sem privilégios, brandura, firmeza, sinceridade e entendimento.

Com esses requisitos, a Direção será detentora de todas as possibilidades para adquirir a credibilidade do grupo, catalisando a confiança e a boa vontade de todos.

Por sua vez, desincumbir-se-á a contento das responsabilidades que estão sob sua custódia, quais sejam: integrar a equipe e estimulá-la ao estudo, escolher textos da leitura preparatória, além de promover a reflexão e a harmonização dos pensamentos, coibindo os comentários inconsequentes, a prolixidade e a polêmica, sempre inoportunos.

Assim procedendo, a Direção do plano físico estará satisfatoriamente sintonizada com a Direção espiritual para exercer o comando da palavra nos apelos à cooperação mental e sobretudo na doutrinação, quando então resgatará vidas, retirando-as das vascas do sofrimento e do desespero.

Solicitará, na ocasião oportuna, instruções aos mentores espirituais e se sentirá apta para controlar as situações mais difíceis, experiência que a pouco e pouco vai sendo absorvida pelos companheiros por essa Direção escolhidos para auxiliá-la na doutrinação, os quais, assim, vão se capacitando para assumi-la nos impedimentos do titular.

De capital importância o esforço de analisar com o grupo as passividades e doutrinações ocorridas na prática mediúnica, após os trabalhos ou em reuniões periódicas de avaliação, com o intuito de desenvolver a autocrítica, estimular uma mentalidade de avaliação e criar o gosto de se perceber as ricas nuances do trabalho mediúnico, ensejando o crescimento desse labor bem como das pessoas que nele se integram.

Na questão da educação mediúnica, a Direção deve conscientizar cada participante com relação ao seu papel, conforme a função específica que desempenha.

Situemos em primeiro lugar o médium, que é o intérprete dos Espíritos e instrumento de que se utilizam para as manifestações ostensivas. Independente disso, é o indivíduo que assumiu um compromisso significativo com a própria consciência para crescer gradualmente no sentido moral e espiritual, num esforço incessante. É fundamental que isso lhe seja passado para que a faculdade não se embarace nas teias dos pensamentos desagregadores dos Espíritos preguiçosos e perturbadores.

Por ser função portadora de peculiaridades pessoais, a do médium merece atenção cuidadosa e eficiente. Como é perfeitamente compreensível, as diversas fases do afloramento, desenvolvimento e aperfeiçoamento da faculdade mediúnica requerem apoio, estímulo, compreensão e uma orientação segura da Direção da reunião. Não é pequeno o número de médiuns prejudicados por não contarem com o apoio de companheiros experimentados e realmente investidos de autoridade espiritual para as tarefas de Direção, tendo que aprender a duras penas com as próprias tentativas de conduzir o processo da educação mediúnica.

Nesse ínterim, a depender da personalidade do médium, surgem as reações psicológicas na feição de dúvidas sobre a autenticidade das comunicações por seu intermédio, inibição ocasionada por conflitos íntimos que impedem o desdobramento da faculdade e, sobretudo, o aumento da sensibilidade nervosa, provocando exacerbações na exteriorização das comunicações, e no convívio social, tornando-o uma pessoa arredia, desconfiada e cheia de melindres. Cada um desses episódios que surgem na vida do médium suscita-lhe esforços por superá-los, naturalmente com o auxílio eficiente da Direção. A dúvida será vencida quando o médium conquistar o autoconhecimento, a compreensão da faixa de pensamento que lhe é própria para distingui-la da que lhe é projetada pelos comunicantes.

Naturalmente que a dificuldade em dar as comunicações – produto da superposição de seus pensamentos com os dos Espíritos – vai sendo substituída por uma facilidade natural que representa a conquista do próprio automatismo mediúnico e o esmaecimento das tintas anímicas fortes de sua personalidade em desalinho.

Quanto à inibição, é atenuada e superada com rapidez quando se trabalha com um grupo afinizado e com uma Direção fraterna e interessada, o mesmo acontecendo com os desajustes nervosos que se esgotam rapidamente, não passando de impedimentos iniciais, fruto da inexperiência.

Se o fantasma do animismo demorar-se em face da presença de conteúdos emocionais traumáticos do passado, promovendo o aparecimento de empecilhos à educação da mediunidade, esses precisam ser contornados com explicações lúcidas da parte da Direção, a fim de desobstruir o caminho a ser trilhado pelo médium em seu processo de aprimoramento mediúnico.

Por fim, uma Direção equilibrada, sensata, experiente e segura dos aspectos teóricos e práticos da mediunidade saberá distinguir com clareza e orientar o médium nas situações esdrúxulas, evitando a crítica sem tato psicológico, geradora de sérios bloqueios na instrumentalidade mediúnica.

De fundamental importância a função do doutrinador, o terapeuta do esclarecimento e da consolação, pessoa que atende os Espíritos que se comunicam. O primeiro passo da Direção deve ser esclarecer que esta função requer a conquista de atributos diretamente relacionados com os valores espirituais da paciência, sensibilidade amorosa, tato psicológico, energia moral, vigilância, humildade, destemor e prudência.

Instruí-lo a praticar a doutrinação dentro da forma coloquial, sem excesso de informações, mantendo o trabalhador que a ela se dedica um compromisso pessoal de aperfeiçoamento moral por meio da autoiluminação, desenvolvendo prioritariamente as qualidades afetivas, a fim de sintonizar com facilidade, no desempenho da função, o campo de inspiração e intuição procedentes dos instrutores espirituais.

O assistente participante é o auxiliar do trabalho, o fornecedor de energias vitais e pensamentos elevados, o que, aliás, é obrigação de todos os componentes da equipe mediúnica. Não raro, entre os assistentes se revelam preciosas mediunidades a cultivar, seja para o exercício da psicofonia, psicografia, vidência ou, então, para a tarefa de doutrinação.

Reuniões Mediúnicas

A Direção deve manter um relacionamento pessoal com esse tipo de participante, passando-lhe a orientação necessária, inclusive na questão do comportamento mental durante a reunião, para que ele seja sempre uma peça atuante e útil. Tratará de, nas ocasiões propícias, dar-lhe o estímulo e a exortação para que o marasmo da rotina não o envolva num processo de saturação.

Com essas diretrizes, notar-se-á o reflexo prático da educação mediúnica nos resultados das reuniões, quando serão feitos os seguintes registros: passividade com boa filtragem, em tom de voz moderado e com um conteúdo definido e escorreito; doutrinações consoante a identificação do móvel da comunicação; as terapias de socorro aos desencarnados sendo aplicadas com conhecimento de causa, ajudando, por intermédio das técnicas específicas, as Entidades sofredoras a saírem dos abismos da ignorância e do desespero, muitas delas retornando para agradecer; e, finalmente, a sustentação do teor vibratório da reunião sendo feita pela equipe auxiliar de forma efetiva e salutar, para permitir uma boa produtividade no número, na qualidade e no ritmo das comunicações.

AVALIAÇÃO

Avaliar significa determinar o valor ou a valia, aquilatar, apreciar o mérito ou a eficiência, proceder a aferição de objetivos.

Avaliar reuniões mediúnicas, portanto, é verificar se os seus objetivos estão sendo alcançados e em que grau.

Já vimos, no capítulo "Objetivos", que as reuniões mediúnicas, usando a linguagem de Allan Kardec, propõem-se fundamentalmente a: *"Dar aos crentes ideias mais justas sobre o futuro [...], convencer os incrédulos [...], e nos pôr em contato com Espíritos sofredores que podemos aliviar e cujo adiantamento podemos facilitar por meio de bons conselhos".*

O primeiro objetivo corresponde à instrução dos participantes com relação à vida do Espírito. Trata-se da aferição do nosso próprio aproveitamento enquanto trabalhadores da mediunidade. Tornamo-nos mais fraternos? Melhoramos o nosso nível de consciência moral? Estamos assumindo melhor os nossos deveres e responsabilidades? Aprofundamos o nosso conhecimento sobre a mediunidade e sobre a Doutrina Espírita? Essa avaliação é pessoal, bem como os critérios para a sua feitura, a ninguém sendo lícito fazê-la por outrem.

Todavia, arriscamos assinalar alguns indicativos gerais desse progresso: integração cada vez maior do trabalhador na seara onde atua, como demonstração plena de seu amor e reconhecimento, produzindo naturalmente a alegria de servir desinteressadamente; aumento de sua capacidade de resistir às provas da vida, como decorrência do crescimento da confiança em Deus; e aprofundamento da sua maturidade psicológica, de modo a ensejar-lhe um maior conhecimento da natureza humana e torná-lo mais tolerante e solidário.

Um bom parâmetro para avaliar esse objetivo é a comparação entre o número dos trabalhadores que permaneceram no labor e dos que se foram adiante, entre os que perseveraram e os que desistiram do esforço iluminativo. Incluiremos como resultado positivo a galeria dos que, deixando o grupo, engajaram-se em outras tarefas nobilitantes a que foram convocados pela vida, espíritas ou não, espalhando-se no mundo como sementes...

Reuniões Mediúnicas

Que os dirigentes usem fichas, façam anotações, à feição de um dossiê. Porém, se tal lhes parecer muito burocrático e frio, que guardem no coração o progresso das pessoas, as lutas vencidas, as vacilações que serviram de base para vitórias que vieram depois ou que ainda virão. É esse interessar-se pelo outro, estar junto ou caminhar ao lado que caracteriza os verdadeiros cristãos, aqueles a respeito de quem Jesus afirmou seriam conhecidos por muito se amarem.

Outra indicação positiva do progresso da reunião mediúnica, do ponto de vista do aperfeiçoamento de seus integrantes, temo-la quando companheiros que serviram no Grupo ou na Casa, após a desencarnação, integram-se em labores espirituais e retornam para falar de suas experiências, estimulando-nos, à guisa de exemplo. Tais fatos, além de demonstrarem o progresso desses companheiros, evidenciam também que o labor mediúnico da Casa possui raízes fortes plantadas na Vida Maior.

Passemos ao segundo objetivo sinalizado por Kardec, o convencimento dos incrédulos. No início desta 1ª parte, quando se abordou a questão dos objetivos, ficou claro que a estratégia utilizada pelo codificador para convencer os incrédulos apoiava-se em três pontos básicos e interdependentes: estruturar adequadamente as reuniões; produzir comunicações convincentes, oportunas e instrutivas; e, por fim, direcionar o ensino de forma certa às pessoas certas.

Colocou-se claramente que os incrédulos passíveis de convencimento a curto prazo, por contato direto com a Doutrina, não são os materialistas sistemáticos nem os incrédulos de má vontade e de má-fé, mas os desanimados e os de fé vacilante, encarnados ou desencarnados.

E o que representaria esse convencimento senão a transformação desses indivíduos, a recuperação em suas consciências do interesse pela vida, o despertar do entusiasmo pelo bem. Não seria, pura e simplesmente, o constatar da vida após a morte, nem o perceber-se Espírito, mas o compromisso moral decorrente dessas constatações, o que projetará o ser na ascese libertadora do esforço evolutivo.

Aplicado este entendimento, a avaliação dos nossos labores mediúnicos deverá nos mostrar os resultados que a nossa ação tenha alcançado no sentido de restabelecer a fé e auxiliar as pessoas a se melhorarem para que tenham melhoradas suas vidas.

Um parâmetro prático para essa mensuração é a verificação de quantos atendidos fizeram-se colaboradores e militantes da Casa ou da Causa. E o raciocínio que fundamenta esse critério é simples: quem efetivamente melhora adere, pois se o bem não suscitar no beneficiado o desejo de vivê-lo, o progresso, se houve, foi inexpressivo ou nulo. Obviamente que nem todos os atendidos e beneficiados pela Doutrina Espírita tornar-se-ão espíritas de imediato, por motivos vários, demandando outros sítios e outras responsabilidades. No entanto, é justo que a mãe amorosa – a Doutrina – aguarde que alguns desses filhos reconheçam-se como tais, a fim de que o amor prossiga a sua marcha vitoriosa de libertar os corações das paixões e dos sofrimentos.

O critério aplica-se também aos desencarnados. Constitui-se indicação positiva de progresso quando Espíritos socorridos na reunião retornam para agradecer. Alguns se integram em pequenas tarefas, aprendendo ou reaprendendo a arte de servir.

Chegamos ao terceiro e último dos grandes objetivos das reuniões mediúnicas, segundo Allan Kardec: aliviar Espíritos sofredores e facilitar-lhes o adiantamento através de bons conselhos. A questão agora é saber se as diversas terapias aplicáveis ao atendimento desses Espíritos que são trazidos às nossas reuniões, estão produzindo o efeito desejado. Antes, porém, de chegarmos até essa avaliação, precisamos refletir nas próprias comunicações que estamos recebendo, a fim de garantirmos clareza, fidelidade e procedência. Em outras palavras: assegurarmo-nos de que o meio através do qual se veicula o medicamento – o canal mediúnico – esteja bem-cuidado e atendido com esmero, através de uma adequada educação mediúnica e preparação da equipe como um todo, harmonizando-a no contexto global da tarefa.

Disso resultarão os seguintes benefícios:

a) **Equilíbrio nas passividades ou transes** – Aptidão conquistada pelos médiuns que se fazem devotados e sérios; é também fruto da conquista pelo grupo de um clima vibratório superior. Garantia para a normalidade dos trabalhos mediante um desenrolar tranquilo, sem exacerbações inecessárias.

b) **Filtragem mediúnica adequada** – Assegurando, quanto possível, a preservação do conteúdo emocional e fidelidade das mensagens no tocante ao teor essencial das mesmas.

c) **Ritmo nos atendimentos** – Reflete uma sequência ordenada e constante. A reunião transcorre sem hiatos prolongados e sem o atropelo de excessivas comunicações simultâneas, demonstrando que o ascendente do planejamento espiritual incorporou-se no espírito da equipe encarnada.

d) **Bem-estar nos médiuns após os trabalhos** – A certeza de que não se fixaram resíduos vibratórios prejudiciais identifica o trabalhador que se ajustou ao programa com disciplina e dele participou com alegria.

e) **Contato com os mentores** – Indispensável para o recebimento de instruções diretas (psicofonia, psicografia e psicovidência) ou indiretas, via intuição. Disso depende a correta utilização da palavra e demais terapias. Quando se obstrui esse canal, os atendimentos ressentem-se de objetividade, os diálogos não atingem os seus objetivos, encerrando-se a meio, sem desfecho ou resolução. Desenvolvimento moral e autodescobrimento de médiuns e doutrinadores conferir-lhes-ão sintonia para contato com esses benfeitores; não estarão apenas atendendo aos Espíritos sofredores, mas exercitando a sintonia superior.

Asseguradas essas condições básicas, que constantemente devem ser reavaliadas, pode-se ir ao âmago da matéria, qual seja a verificação direta do atendimento aos Espíritos. E a verificação é direta, mesmo.

f) **Espíritos sofredores** – Ressentindo-se das marcas da desencarnação ou das sequelas das enfermidades que os vitimaram ou expondo os conflitos que desenvolveram durante a encarnação, deverão sair aliviados e esperançosos.

g) **Espíritos que desconhecem a condição de desencarnados por estarem confusos e iludidos com uma realidade inesperada** – Através do diálogo e das percepções ambientais que lhes sejam facultadas durante a reunião, serão preparados a fim de que os amigos espirituais, parentes desencarnados ou mesmo os doutrinadores, em contatos posteriores, os esclareçam com relação à nova condição de vida em que se encontram.

h) **Espíritos que negam a condição de desencarnados pelo fascínio do materialismo** – Esses, escamoteando a verdade, auto-hipnotizam-se a ponto de crerem na própria ilusão física que construíram; serão conduzidos através do choque anímico a "remorrerem", vivendo outra vez o instante da desencarnação, a fim de se libertarem.

i) **Espíritos amedrontados** – São os perseguidos por outros Espíritos, que deverão se entregar, confiantes, à proteção da equipe socorrista. Os dementados e de mentes avassaladas por sevícias e profundas sugestões desfechadas por seus algozes vão, a pouco e pouco, libertando-se.

j) **Espíritos mistificadores** – Deverão ser reconhecidos. A presença de tais Entidades não deverá ser habitual, ocorrendo tão somente para nossa instrução e objetivando atender o doente no seu mal específico que é o hábito infeliz de burlar.

k) **Espíritos obsessores** – São os que se comprazem em ferir, malsinar, engendrar vinganças e perseguições; apresentar-se-ão controlados e alguns deles haverão de se sensibilizar com os exemplos que lhes possam ser passados.

Há que se falar também no critério avaliativo do sacrifício e da renúncia. É natural que na medida em que o trabalho cresça, na sua expressão de serviço, desperte o furor das Entidades agressivas e das organizações fixadas na maldade e na ignorância, que se atirarão sobre o grupo mediúnico tentando desarticulá-lo. É como alertou André Luiz no capítulo 16 da obra *Libertação: "Enquanto a criatura é vulgar e não se destaca por aspirações de ordem superior, as inteligências pervertidas não se preocupam com ela; no entanto, logo demonstre propósitos de sublimação, apura-se-lhe o tom vibratório, passa a ser notada pelas características de elevação e é naturalmente perseguida por quem se refugia na inveja ou na rebelião silenciosa".*

Projeto Manoel Philomeno de Miranda

Finalizaremos com um estímulo/advertência: às vezes somos tentados, por inexperiência ou distração, a raciocinar que as coisas vão bem quando e porque o mal não está acontecendo. Essa é uma maneira falsa e apática de avaliar. Quando nos descuidamos de deveres e deixamos de observar recomendações dos bons Espíritos relativas às nossas práticas mediúnicas e ocorrências desagradáveis não acontecem de imediato, como seria de esperar, é por interferência da Misericórdia de Deus, evitando a desarticulação dos grupos. Pode acontecer, entretanto, que o mal esteja construindo-se no vagar do tempo, fortalecendo-se com o alimento de nossas negligências, para eclodir de forma vulcânica logo mais. Já é hora e hora oportuna de marcarmos posições e avançarmos. Nada de sobrecarregarmos os Espíritos superiores além do necessário, em decorrência de não estarmos fazendo o que já temos condições de fazer. Troquemos, se for o caso, o sistema negativo de avaliar as atividades mediúnicas pelo mal que não ocorreu, pelo critério positivo de ressaltar os benefícios prodigalizados, pois, somente assim, estaremos vivendo o espírito da Doutrina que nos aconselha *fazer o bem no limite das forças,* conforme registro em *O Livro dos Espíritos*, questão 642.

Dificilmente uma Casa, um Centro, uma seara conservará sua vitalidade e dinamismo quando suas reuniões mediúnicas desestruturam-se, descuidando os seus dirigentes da correção de suas práticas. Ao contrário, quando isso se dá, vêmo-los fanarem e deperecerem, pois, através dessas reuniões, assim desorganizadas, insurge-se a agressão dos Espíritos imperfeitos e ignorantes, veiculando a cizânia e o falso saber.

2ª PARTE

Padrões de qualidade para as reuniões mediúnicas

Padrões de qualidade para as reuniões mediúnicas

Preâmbulo explicativo

O material que ora inserimos na obra, a partir desta edição, intitulado "Padrões de qualidade para as reuniões mediúnicas", teve origem no VIII Congresso Espírita da Bahia, em novembro de 1993.

Cabendo-nos, naquele evento, a coordenação das atividades relacionadas com a área mediúnica, elaboramos um documento base contendo vinte proposições que, depois de apresentadas ao público ali presente, recomendou-se fosse amplamente discutido e analisado nos Centros Espíritas.

A nossa intenção era atrair contribuições, a fim de que a temática, uma vez aperfeiçoada e consolidada através do esforço coletivo, tivesse a força de um compromisso. Não esperamos, todavia, a espontaneidade do Movimento Espírita (baiano, sobretudo); saímos a campo realizando encontros, seminários, ouvindo os companheiros, coletando opiniões e experiências.

Transcorrida essa fase, julgamos chegado o tempo de colocar em letras de forma os "Padrões de qualidade", agora enriquecidos por outras valiosas contribuições. Aquelas vinte proposições iniciais foram desdobradas em vinte e duas e para cada uma delas produzimos um comentário, à guisa de fundamentação doutrinária, evocando, naturalmente, as obras da Codificação e outras de subido valor, sem desconsiderarmos tantas que não citamos para não tornar repetitivo o trabalho.

Não são novidades que se propõem, mas uma reflexão sintética e sistemática para ajudar os interessados e praticantes na visualização de pontos essenciais.

É do nosso objetivo (e julgamos mesmo uma tarefa urgente) que nos empenhemos por aproximar ao máximo a beleza e coerência lógica da Doutrina Espírita, de sua prática, especialmente no tocante às experiências mediúnicas, para que uma seja o reflexo da outra, e vice-versa, o que, infelizmente, não tem ocorrido em grande número de casos.

São chegados os tempos da difusão mais ampliada da mediunidade. Muitos ao seu exercício estão sendo chamados, em face dos compromissos assumidos por força do processo evolutivo humano que avança, desvendando à criatura aturdida dos dias atuais as imensas possibilidades do Espírito imortal. Novas gerações batem às portas do Centro Espírita à procura de ensejos educativos para a mediunidade de que se sentem portadores. Temos que estar preparados. As nossas escolas de fé precisam adequar-se para que o pensamento de Jesus, através dos Espíritos superiores, possa continuar chegando até nós em condições adequadas à construção de um ensino de qualidade superior.

Seleção e privacidade

Privacidade, não se admitindo no local e horário para o intercâmbio mediúnico, senão a equipe responsável, exceção feita para algum convidado em condições de assisti-lo, a critério do dirigente.

No item 330 de *O Livro dos Médiuns*, Allan Kardec chama a atenção para que não apenas o nível dos médiuns determina a qualidade de uma reunião, esclarecendo que as influências de todos os assistentes repercutem nela, conforme estudara anteriormente, quando tratou da influência do meio.

Não seria, portanto, de estranhar-se o seu empenho, quando da composição do Estatuto da Sociedade Parisiense de Estudos Espíritas, no sentido de dotá-la de normas seguras e capazes de proteger as suas reuniões experimentais contra a infiltração de elementos desinformados, curiosos ou antagônicos, conforme se nota nos artigos 3º, 4º e 17º, este último sumariamente proibindo as sessões mediúnicas públicas.

Ao contemplar a possibilidade de ouvintes, o referido Estatuto estabelece, no artigo 22, que esses seriam aceitos somente quando simpatizassem com os trabalhos da Sociedade e já estivessem suficientemente iniciados na ciência espírita para compreendê-los.

Os critérios de Allan Kardec podem ser percebidos melhor na prática, por meio dos diálogos que simula em *O que é o Espiritismo*. No primeiro, ele enfrenta um crítico sistemático, de má vontade, empenhado a mais não poder na tentativa de obter permissão para assistir a algumas reuniões. Obviamente que o codificador não se dobra, negando aquilo que seria uma concessão indébita, para, no final, expor sua tese, enfeixada na seguinte recomendação: *Instrua-se primeiro pela teoria.*

No segundo diálogo, Allan Kardec se depara com um céptico, apenas desinformado, embora portador de honestas dúvidas e objeções para as quais buscava respostas convincentes. De saída, o codificador adverte-o de que não tinha pretensão de poder responder a todas as questões – o que, aliás, seria impossível no espaço de uma entrevista – colocando-se à disposição para os esclarecimentos ao seu alcance.

Salta aos olhos a profunda diferença de traços psicológicos entre os dois interlocutores de Allan Kardec. O primeiro – o crítico – é o que o codificador chama de incrédulo por sistema, materialista de má vontade e por interesses escusos; não está maduro para o ensino espiritual. O segundo – o céptico – é o incrédulo por ignorância, que só precisa que lhe retirem a venda dos olhos. O seu caráter habilita-o para o ensino. Tanto assim o é que Allan Kardec acolhe-o com interesse de irmão e mestre. O diálogo começa ameno e termina com uma pessoa convencida e entusiasmada, conquanto não convertida. Mesmo assim o professor Rivail mantém a sua tese, sustentando a necessidade de preparação. Acena-lhe, todavia, com a possibilidade alvissareira de vir a ser um ouvinte (não necessariamente de imediato) propondo-lhe o estudo da Doutrina que, em verdade, ali mesmo inicia com as 37 questões basilares da Doutrina Espírita de que se compõe a entrevista. É nesse diálogo que está a tão repetida expressão do mestre lionês: *As comunicações de Além-túmulo cercam-se de maiores dificuldades do que geralmente se crê: não estão isentas de inconvenientes e perigos para os que não têm a necessária experiência. Sucede o mesmo a quem se mete a fazer manipulações químicas, sem conhecer a Química: corre o risco de queimar os dedos...* (grifos nossos).

O pensamento de Allan Kardec em "O Método" (*O Livro dos Médiuns*, 1ª Parte, cap. III) encerra a questão:

"O melhor método de ensino espírita consiste em se dirigir antes à razão do que aos olhos...

"Os que creem antes de haver visto, apenas porque leram e compreenderam, longe de se conservarem superficiais, são, ao contrário, os que mais refletem.

"A inteligência prévia dos fatos não só as coloca (as pessoas) *em condições de se aperceberem de todas as anomalias, mas, também, de apreenderem um sem-número de particularidades, de matizes, às vezes muito delicados, que escapam ao observador ignorante. Tais os motivos que nos forçam a não admitir, em nossas sessões experimentais, senão quem possua suficientes noções preparatórias para compreender..."*

Comungam com o pensamento do codificador, Léon Denis (*No Invisível*, 1ª Parte, cap. IX), Manoel Philomeno de Miranda (*Nas fronteiras da loucura*, cap. 16), e a totalidade dos Espíritos nobres vinculados à divulgação espírita em nossa Terra, além da maioria dos experimentadores encarnados comprometidos com o ideal da Doutrina Espírita.

Esses critérios aplicam-se ao exercício mediúnico de responsabilidade grupal e solidária. Naturalmente que médiuns há, e sempre os houve, comprometidos por força de um programa reencarnatório a trabalharem a mediunidade dentro de um enfoque de maior liberdade, para fins exclusivos de provarem a sobrevivência, justificando, destarte, uma atuação mais voltada para o público.

Seleção dos participantes pelo critério da afinidade entre si, interesse, devotamento, capacidade de integração, equilíbrio emocional, saúde e conhecimento espírita compatíveis com a tarefa a que se propõem.

A fundamentação doutrinária para este item passa por uma argumentação semelhante à do item anterior, começando pela influência do meio, como já foi colocado, pois a condição mental e o nível dos participantes encarnados determinam a qualidade do assessoramento espiritual da reunião, bem como as possibilidades de realização do grupo.

A exigência de um conhecimento doutrinário básico elimina uma boa parte dos riscos de frustração decorrentes de uma seleção malconduzida, pois, quando se reúnem pessoas que se dispuseram à aprendizagem para se colocarem à altura da tarefa, é sinal de que esses candidatos já demonstram um certo valor moral que, desse ponto de vista, os credenciam.

Alinhamos outros fatores de ordem íntima e comportamental – interesse, devotamento, etc. – que se refletem de outro modo na base psicológica do candidato. Não são tentativas de se medir o nível evolutivo das pessoas, o que seria de todo impossível e uma pretensão vaidosa e descabida, mas um esforço no sentido de se evitar que elementos inabilitados por uma postura excessivamente teórica e descomprometida tomem o lugar daqueles que se esforçam por construir-se no trabalho, desenvolvendo a amizade e a convivência, que são fatores indispensáveis para um trabalho mediúnico de qualidade.

Tratando-se de um Centro Espírita onde as tarefas da solidariedade humana já estejam implantadas e em funcionamento, é do grupo que as desenvolve e do rol das pessoas que trabalham indiretamente para que as coisas aconteçam que devem surgir os candidatos. Na hipótese de um grupo em formação, convém não começar pelas experiências mediúnicas organizadas, mas com ensaios de serviços fraternos, como oficinas de adestramento definidoras de afinidade e selecionadoras naturais de elementos úteis. A nossa tese é: trabalho mediúnico é para pessoas integradas nas atividades do Centro Espírita.

Quando um grupo surge em torno da mediunidade de alguém, formando-se com as pessoas atraídas para aquele foco e com os elementos que se habilitam a dar apoio àquele médium, é conveniente que o grupo não se isole, mas procure apoiar-se na orientação de outros mais experientes, através de pequenos estágios de observação. Quando o grupo possui valor moral, ou adquire-o, e seus membros se ligam pela força de um compromisso sério, através do próprio canal mediúnico que lhe deu origem, vertem orientações valiosas, apontando caminhos de trabalho, roteiros de estudo capazes de ir encaminhando aquele experimento de mediunidade natural para uma tarefa bem organizada.

Da questão que estamos tratando – a conveniência de pré-requisitos ético-morais para as reuniões mediúnicas – pode surgir o seguinte questionamento, aliás muito honesto: "não é a reunião mediúnica uma fonte de instrução, uma atividade formadora, por que exigir de seus candidatos previamente aquilo que ela se propõe a oferecer?"

Esta delicada questão resolve-se com o pensamento de Allan Kardec: *"Todos têm direito a se candidatar ao ensino espiritual, desde que a ele não se constituam opositores, consciente ou inconscientemente, voluntária ou involuntariamente."* O incrédulo sistemático, o materialista gozador, pelas emissões perturbadoras de que são portadores, não podem participar diretamente das reuniões mediúnicas, pois se considerarmos tais reuniões como o "útero" de nossas experiências redentoras, aqueles seriam filhos enlouquecidos a decretarem a morte de suas próprias "mães". É outro o "útero" de que precisam para se educarem: – o seio mais amplo do planeta, onde as humanidades entrechocam-se até se despirem de suas ilusões, sob os camartelos das decepções e sofrimentos por eles próprios gerados.

Aquele que é incrédulo por ignorância e que está acordando a boa vontade para aprender, pode e deve candidatar-se ao ensino espiritual, desde que cumpra o programa preparatório que se faz necessário e conquiste seus espaços pela respeitabilidade e dedicação, aguardando, com paciência, a sua oportunidade.

Agrupamos ainda saúde e equilíbrio emocional como pré-requisitos. Manoel Philomeno de Miranda faz referência a esses itens na Prolusão de *Grilhões partidos,* afirmando textualmente que *somente aqueles que se encontram com a saúde equilibrada estão capacitados para o trabalho em equipe*, acrescentando: *pessoas nervosas, versáteis, susceptíveis, são carecentes de auxílio não se encontrando habilitadas para mais altas realizações quais as que exigem recolhimento, paciência, afetividade, clima de prece em esfera de lucidez mental.*

Não se trata de exigência discriminatória, porque a doença é ocorrência transitória, não se constituindo impedimento definitivo; doente hoje, saudável amanhã."

Deixamos por último, e a propósito, o item afinidade, por se constituir uma verdadeira síntese resultante de tudo o que já dissemos sobre amizade, confiança e outros fatores integrativos adquiridos mediante convivência no Centro Espírita e que, não raro, remontam a outras vidas ou a compromissos assumidos no Plano espiritual. Simpatia, afinidade, quando profundas, não são aquisições rápidas.

Jamais poderíamos dizer que todas as pessoas que se agrupam em torno de uma mesa mediúnica estejam cumprindo compromissos assumidos conjuntamente antes da atual encarnação, mas em alguns casos, sim. E dizemos mais: seria muito bom que assim fosse com relação ao maior número possível de colaboradores, principalmente aqueles sob cujos ombros pesem maiores responsabilidades.

Um Centro Espírita é uma grande sintonia. É compreensível que outras sintonias menores construam-se nesse ambiente consagrado ao estudo, à caridade e à oração, desde que todas as pessoas integrem-se no conjunto. Quando existem diversos grupos mediúnicos num mesmo Centro, é compreensível se tente agrupar pessoas com traços psicológicos parecidos e com mais estreitos laços de amizade, desde que não se isolem ou abandonem a emulação por uma integração cada vez maior no sentido coletivo.

Hermínio de Miranda faz algumas considerações muito oportunas em *Diálogo com as sombras*, cap. "O Grupo". Falando de sintonia, ele chega a afirmar que *"a discordância acentuada – não necessariamente em assuntos vinculados à tarefa espírita – pode atrapalhar sensivelmente os resultados dos trabalhos de intercâmbio espiritual"*. É claro que não se pretende jamais juntar pessoas que pensem de forma idêntica, robotizadas, sem opiniões próprias, mas que, pelo menos, não se coloquem nos extremos de apaixonamentos irracionais.

Diz ainda, Hermínio de Miranda, *"ser melhor recusar logo de início um participante em perspectiva sobre o qual tenhamos algumas dúvidas mais sérias do que sermos constrangidos depois a dizer-lhe que infelizmente tem de deixar o grupo, por não se estar adaptando às condições exigidas pelo trabalho"*.

Finalmente, conclui: *"É por isso que se recomenda uma longa meditação antes de decidir quanto à composição humana do grupo"* – ele está referindo-se à formação de grupo inicial – *"para não fazermos o convite senão àqueles dentre os quais podemos contar com um mínimo de compreensão e entrosamento com os demais"*.

Tratando-se de formação de um grupo iniciante, é natural que alguém, sentindo-se cheio de ideal, formule a outrem o convite para integrá-lo. No entanto, em se tratando de grupos já formados, de Centros Espíritas já estruturados, sugerimos que não haja convites, mas solicitações daqueles que se sentirem realmente interessados em participar da tarefa mediúnica.

REQUISITOS INERENTES AOS PARTICIPANTES

1 – Harmonia e amizade entre os membros de cada grupo mediúnico e entre os diversos grupos, abolindo-se qualquer sentimento de competição.

A harmonia está aqui colocada como conquista a ser alcançada pelo grupo, um processo em que a realização de cada indivíduo interage com a dos demais, estabelecendo um efeito sinérgico em que o resultado é maior do que a soma das partes. Manoel Philomeno de Miranda afirma que *"harmonia de conjunto se consegue pelo exercício da cordialidade entre os diversos membros que se conhecem e se ajudam na esfera do cotidiano"* (Prolusão de *Grilhões partidos*). Uma proposta desse porte, em que a relação não se esgota no conteúdo e interesse da própria reunião, avançando para outras áreas, como sugere o benfeitor, precisa do suporte da amizade fraternal, desinteressada e abrangente, capaz de acolher a todos em permutas de qualidade superior, que irão estabelecer as bases vibratórias para o próprio trabalho mediúnico, fomentando a confiança e a estima.

Por esta razão, Allan Kardec estatui como base psicológica para a reunião mediúnica a ideia de uma família, por ser a família uma oficina onde se constrói a amizade. E a característica da amizade é a partilha, ser feliz com a felicidade do outro. Nesta proposta não há lugar para a competição, a não ser a saudável e natural emulação do bem, que se inspira nos bons exemplos para alavancar o crescimento do ser, porque esta é uma das finalidades da vida social.

Assim sendo, jamais se poderia realizar trabalhos mediúnicos com qualidade, quando os membros do grupo perdem-se nos labirintos da inveja e das desconfianças.

2 – Interesse incessante em aprender, servindo com despojamento de toda e qualquer atitude personalista.

Allan Kardec concebeu as reuniões como permanentes fontes de estudo, concitando os médiuns a se libertarem da tola presunção de infalibilidade (*O Livro do Médiuns*, item 329).

Não há, portanto, termo para o aperfeiçoamento mediúnico, que avançará até o infinito. Deveremos entender falibilidade e infalibilidade não necessariamente como mistificação, erro, mas precisão/imprecisão, completude/não completude. Qual de nós, em sã consciência, se consideraria completo? A meta é fugir à estagnação, aceitar novos desafios e avançar.

Chegado a esse ponto, cabe o seguinte comentário: o adestramento mediúnico deve ser permanentemente vivenciado sob o crivo da observação rigorosa com vistas a esse tão anelado aprimoramento.

O Espírito Manuel Vianna de Carvalho, através da psicografia de Divaldo Franco, no livro *Médiuns e mediunidades*, capítulo 15, afirma: *"O médium deve ser servidor da Vida, a benefício de todas as vidas. A sua há que se tornar a luta pelo autoaprimoramento, observando as mazelas e estudando as deficiências, a fim de mais crescer na escala dos valores morais, de modo a sintonizar com as Entidades venerandas, nem sempre as que se tornaram famosas no mundo, mas que construíram as bases da felicidade pelo amanho do solo dos corações na execução do bem".*

Esta proposta só se sustentará no serviço pelo próximo, longe, portanto, do interesse personalista.

3 – Cooperação recíproca e motivação permanente.

Cooperação é a característica primordial do labor em equipe. É a expressão prática e efetiva da caridade permutada entre os operários da fé, consolidando-se em nossas oficinas de trabalho para se espraiar além de suas paredes e abraçar a Humanidade inteira. Sem que nos amemos, os que optamos pelas lides do Espiritismo sob a égide do

Cristo, a caridade aos outros não se concretizará, antes será uma farsa, uma mistificação vulgar e desprezível.

Cooperação é passar experiências, é realçar o bem vivido, é ajudar o outro em suas dificuldades. Para isso, indispensável a reciprocidade, expressão da amizade vitoriosa completando o caminho de ida e volta, de coração a coração.

Por fim, vem a motivação que se expressa pelo interesse e entusiasmo com a tarefa, conquistas que só aparecem quando há progresso e renovação.

Frequentar reuniões por medo, porque dá *status*, como instrumento de poder, sem uma vocação legítima, é enganar-se. A mediunidade precisa de trabalhadores entusiasmados, voluntários e decididos.

4 – Compromisso individual e coletivo com o estudo, a oração, a prática da caridade e a autoiluminação progressiva.

Ao estudo, já fizemos fartas referências, principalmente recorrendo às preciosas lições do codificador.

A respeito da oração, tomamos o depoimento conceitual do Espírito Ivon Costa que, certamente inspirado no louvar, pedir e agradecer de *O Livro dos Espíritos*, escreveu na obra *Sob a proteção de Deus*, pelas mãos de Divaldo Franco: *"A oração pode ser considerada como grito pedindo auxílio, um canto de gratidão, um ato de louvor, um poema de amor, dirigidos a Deus. Tem uma elasticidade incomum e destina-se a fins diferentes".*

Fazer silêncio interior e aprender a técnica da oração, capaz de movimentar todas as veras do sentimento e da emoção superior, é conquista relevante.

Na reunião mediúnica, a oração é condição preparatória para o serviço, mas é também recurso terapêutico quando, pela intercessão e piedade ante as dores alheias, o seareiro mediúnico movimenta e direciona forças e energias socorristas. Faz-se ainda reforçador de sintonia para contatar os Espíritos nobres que estarão despertando em nós sentimentos de elevação e renúncia, e ensinando a ciência da alma, que enseja realizações indestrutíveis. Eis alcançada a iluminação progressiva e a prática da caridade legítima.

Emulado por essa percepção, o trabalhador da mediunidade sentir-se-á imensamente feliz por ser útil; estará na oferta da sopa, no passe, onde for preciso, em contato com os sofredores. Visitará hospitais, atenderá sua família com dedicação extrema e descobrirá mil ensanchas de ajudar, porque o espaço da sala mediúnica fica pequeno para a sua emoção engrandecida.

5 – Prática do culto do Evangelho no Lar.

O culto do Evangelho no Lar é, antes de tudo, medida profilática para o trabalhador mediúnico. Via de regra, estabelece-se um circuito de forças entre o lar e o Centro Espírita, facultando o socorro às Entidades sofredoras e equivocadas, atraídas ao psiquismo de cada um por força de compromissos de vária ordem, e que estacionam nos lares enquanto regularizam as suas vidas.

Independentemente desse aspecto higiênico e prático, temos que considerar o aspecto iluminativo e pacificador que o culto no lar proporciona, levando esclarecimentos e consolações à nossa família necessitada de Jesus e de suas lições. É como afirma a benfeitora espiritual Joanna de Ângelis: *"Quando a família ora, Jesus se demora em casa. Quando os corações se unem nos liames da fé, o equilíbrio oferta bênçãos de consolo e a saúde derrama vinho de paz para todos"* (*Messe de Amor,* cap. 59).

6 – Integração nas tarefas e programas da Casa Espírita e compromisso com a Causa.

A Casa tem suas bases na temporalidade; a Causa projeta-se numa dimensão atemporal. A Casa tem formas; a Causa é essência. A primeira é do homem, a segunda é de Deus. A Casa é fenômeno, a Causa é Doutrina.

O seareiro da ação mediúnica jamais deixará de atender os seus deveres relacionados aos trabalhos para os quais se comprometeu na Casa que lhe abrigou, mas vivenciará um ideal de unificação, aproximando-se de outras Casas, participando de eventos, confraternizando, trocando experiências, concorrendo para a ciência do Espírito imortal.

Não há perigo algum para a Casa contar com trabalhadores conscientizados em relação à Causa, pois quanto mais o seareiro apercebe-se da grandeza da Causa, mais se projeta no amor e no trabalho da Casa, para que esta seja o reflexo daquela.

PREPARAÇÃO E AMBIENTE

7 – Ambiente reservado exclusivamente para as reuniões mediúnicas ou atividades afins.

Inquiridos a respeito da conveniência de se reservar dia e hora para as reuniões mediúnicas, os Espíritos, além de confirmarem a Allan Kardec essa preferência, acrescentaram outra: o lugar. Eles assim se expressaram: *"[...] Não julgueis que isso deva constituir uma obrigação absoluta, porquanto os Espíritos vão a toda parte. Quero dizer que um lugar consagrado às reuniões é preferível porque o recolhimento se faz mais perfeito"* (*O Livro dos Médiuns*, item 282, questão 16). Este pensamento Allan Kardec formaliza-o mais adiante em termos concretos ao propor, no seu Projeto de 1862, que o Estabelecimento Central deveria ter uma peça para evocações particulares, espécie de santuário, nunca profanado por outras ocupações.

Léon Denis também se refere ao assunto, explicando a razão da preferência: *a impregnação fluídica, que torna o ambiente cada vez mais favorável às manifestações* (*No Invisível*, 1ª Parte, cap. IX).

É fato por demais conhecido que as emissões mentais impregnam os ambientes, conferindo-lhes, ao longo do tempo, uma característica própria, a ponto de provocar reações agradáveis ou desagradáveis sobre as pessoas, conforme a sensibilidade de cada um e de acordo com o teor predominante daquelas imantações.

A respeito do assunto, Hermínio de Miranda assim se pronuncia: *"Mesmo nos demais dias da semana, a sala onde se realizam os trabalhos deve ser preservada, evitando-se ali reuniões sociais, conversas descuidadas, visitas inconvenientes, atos reprocháveis...*"

A bem da verdade, deve ser enfatizado que os Espíritos propuseram reuniões no mesmo lugar, mas não se referiram a um lugar exclusivo.

Ambiente exclusivo é uma posição adotada por experimentadores honestos, de ontem e de hoje, interessados em eliminar, no processo das comunicações mediúnicas, qualquer coisa que as dificultassem e que, naturalmente, se popularizou.

Alguns raciocínios apoiam tal posicionamento; um deles é a assertiva de que nenhuma outra atividade espírita é capaz de imantar o ambiente em que é realizada de forma tão conveniente quanto as reuniões mediúnicas feitas com unção, conforme preceitua a Doutrina Espírita.

Um segundo argumento está relacionado com o zelo de querer minimizar riscos e oferecer o melhor à Direção espiritual para que esta não se veja constrangida a restringir o atendimento em função de fatores humanos superáveis.

Estes argumentos, respeitáveis sob todos os aspectos, não podem ser tidos como inamovíveis e inflexíveis, válidos para todas as circunstâncias. Quando a força das necessidades e a falta de espaço impuserem a utilização das salas mediúnicas, nas horas disponíveis, para salvar vidas, não pequemos pelo exagero de conservá-las fechadas, conforme asseverou Divaldo Franco (*Palavras de luz*, cap. "Evangelização infantil").

Afirma Hermínio de Miranda: "*O ideal, portanto, é ter um compartimento destinado somente à tarefa mediúnica. Quando isso for impraticável, que, pelo menos, se tenha o cuidado de usá-lo apenas para atividades nobres.*"

A nossa tese é semelhante: ambiente reservado exclusivamente para as reuniões ou atividades afins, entendendo-se por tal qualquer atividade que se relacione diretamente com o ensino espírita e com a manifestação da caridade, tais o passe, o atendimento fraterno, grupos de estudo, a evangelização infantojuvenil, além de outras.

Alguns companheiros de ideal argumentam que toda atividade desenvolvida por um Centro Espírita é afim com as reuniões mediúnicas, por ser do próprio objetivo do Centro Espírita produzir consolação e esperança. Talvez isso não constitua, hoje, uma verdade inquestionável para todos os Centros, mas, no futuro, com certeza assim será.

8 – Garantia de silêncio e harmonia vibratória em todas as dependências do Centro Espírita, evitando-se atividades simultâneas que possam desestabilizá-las.

Este item é decorrente do anterior.

Se Allan Kardec propõe atitudes respeitosas, recolhimento e silêncio (*O Livro dos Médiuns*, item 341) para assegurar a harmonia psíquica do campo interno formado pela reunião, não se pode admitir que a fonte de perturbação venha do meio externo, através da zoada ou do tumulto mental produzido por pessoas envolvidas com outras atividades simultaneamente realizadas enquanto a reunião mediúnica se processa.

Um projeto arquitetônico adequado, locando a sala mediúnica numa área resguardada e de pouca circulação, facilitará de muito a obtenção desse intento. Veja-se, por exemplo, a narrativa de André Luiz, Espírito (*Nos domínios da mediunidade*, cap. II), descrevendo o ambiente do Centro Espírita onde ele realizaria suas observações: *"Vemos aqui o salão consagrado aos ensinamentos públicos. Todavia, o núcleo que buscamos* (a sala mediúnica) *jaz situado em reduto íntimo, assim como o coração dentro do corpo."*

Hermínio de Miranda propõe que o ambiente seja amplo e arejado, de tal modo que se evite o cansaço pela intoxicação devido ao calor e a falta de renovação do ar.

Uma providência desejável é a de, sempre que possível, programar as reuniões mediúnicas para ocasiões em que o Centro Espírita não esteja no *frisson* de muitas atividades simultâneas e febricitantes, diminuindo a agitação psíquica e favorecendo o recolhimento indispensável às manifestações espirituais.

Por mais que se busque isolar o ambiente da reunião do meio externo, isto nem sempre é possível. Ruídos de buzinas, de tráfego na rua, de alguém ouvindo rádio ou TV em tons muito altos são acontecimentos inevitáveis. Uma boa técnica para se amenizar semelhantes ruídos é se criar um fundo musical adequado (não obrigatório) no ambiente interno das reuniões, o qual funcionará como força motivadora para a concentração e amortecedor para os sons de fora. Não é preciso estender considerações quanto a conveniência da escolha de um repertório adequado, de músicas que estimulem o enlevo espiritual.

NORMAS E PROCEDIMENTOS

1 – Equipe conscientizada quanto ao valor das disciplinas preparatórias, pontualidade e assiduidade.

Manoel Philomeno de Miranda, na Prolusão de *Grilhões partidos,* comenta a necessidade da aquisição de conhecimentos e competência, preparação bem cuidada para que o labor mediúnico atinja seus objetivos. Não é diferente em qualquer empreendimento humano, seja o exercício profissional ou outro qualquer em que haja uma meta, objetivos superiores a alcançar.

Quando falamos em disciplinas preparatórias, não estamos nos referindo a providências de ocasião, cuidados tão somente para o dia da reunião. Referimo-nos a conquistas intelecto-morais, incorporação de hábitos de vida saudáveis, a fim de que o trabalhador esteja sempre pronto para o trabalho. Este é o fanal a ser conquistado.

Quando o trabalhador espírita precisa estabelecer atitudes e hábitos apenas para o dia da reunião mediúnica e por causa dela, é porque ainda não está pronto, de fato. Todavia, esta mentalidade já é um começo. Se alguém se impõe disciplinas a que não está acostumado, embora momentaneamente, para se colocar à altura de um empreendimento espiritual, está a um passo de compreender a necessidade de praticá-las no cotidiano para melhorar a sua doação em qualquer circunstância.

Neste particular, torna-se dispensável falar dos inconvenientes da indisciplina mental, do excesso de atividade física, da tagarelice e dos vícios de toda ordem, inclusive a sensualidade, em vários sentidos a considerar, desgastantes e agressivos para o equilíbrio geral do sistema nervoso, da mente e da emoção.

A pontualidade e a assiduidade são as únicas normas formais que se pode exigir para um trabalho mediúnico, porque sem elas a improvisação e o desleixo minariam o empreendimento. Todas as demais são de foro íntimo e pertencem ao campo da consciência de cada um.

2 – Regularidade das reuniões, com a mesma equipe, evitando-se experimentos extemporâneos e de motivação ocasional.

No item 333 de *O Livro dos Médiuns*, Allan Kardec afirma: *"Quando as reuniões se efetuam em dias e horas certos, eles* (os Espíritos frequentadores habituais) *se preparam antecipadamente a comparecer e é raro faltarem."*

Ainda neste mesmo item, o codificador aduz: *"Nada, porém, mais prejudicial às boas comunicações do que os chamar a torto e a direito quando isso nos acuda à fantasia e, principalmente, sem motivo sério. Como não se acham adstritos a se submeterem aos nossos caprichos, bem pode dar-se que não se movam ao nosso chamado. É então que ocorre tomarem-lhes outros o lugar e os nomes."*

Como as leis que regem as relações entre os Espíritos e os homens são flexíveis, o codificador teve o cuidado de não dogmatizar, estabelecendo a exceção e o critério que a determinaria ao afirmar que os Espíritos comprometidos com as reuniões podem a elas comparecer de boa vontade, se for útil o fim objetivado. Então, a justificação para a quebra do princípio da regularidade é a utilidade.

Mas, como saber se um determinado fim idealizado pela lógica de nosso pensamento humano, falível, corresponde ao pensamento de nossos dirigentes espirituais para justificar uma reunião extra? Guiemo-nos pela seguinte pergunta: o fim almejado pela reunião extra pretendida pode ou não ser alcançado nas reuniões regulares do Centro? Se pode, os Espíritos não atenderão convocações fora do tempo.

Dispondo o grupo de médiuns seguros e persistindo uma dúvida honesta, consultar-se-ão os instrutores espirituais, pois, na realidade, são eles os verdadeiros dirigentes dos trabalhos sérios de intercâmbio espiritual.

Sem estabelecer qualquer crítica ao Movimento Espírita, convém reflexionemos quanto a validade de certos procedimentos que vão tomando corpo e que demonstram o desconhecimento desse fato de que os Espíritos não estão à nossa disposição para qualquer chamado. Hoje, marcam-se reuniões mediúnicas para tudo: promove-se um evento (simpósio, semana espírita, encontro de trabalhadores) e já se marca uma reunião desobsessiva para "receber" os obsessores incumbidos de impedir as atividades programadas; lança-se a pedra fundamental da nova sede de um Centro e procede-se do mesmo modo; deseja-se atender alguém de um modo especial e exclusivo e apela-se para os guias...

São a essas reuniões que chamamos de experimentos extemporâneos e de motivação ocasional, porque são impróprias e quase sempre motivadas pela superstição e pelo medo. As pessoas não se dão conta de que, ao procederem assim, estão desqualificando as reuniões regulares

Reuniões Mediúnicas

do Centro, como se elas não estivessem à altura de suprir suas necessidades.

Outro hábito que compromete ainda mais o resultado dessas reuniões é a sua realização com pessoas de procedências várias, muitas vezes desconhecidas umas das outras ou de conhecimento superficial, sem se levar em consideração a seleção de participantes, com repercussão prejudicial para a sintonia vibratória e a afinidade.

Não que reuniões extras, de caráter especial, não possam ou devam ser realizadas, pois os próprios Espíritos aconselham, quando realmente necessárias. André Luiz, por exemplo, recomenda-as e admite (*Desobsessão*, cap. 67), porém em ambiente íntimo, como extensão do próprio trabalho regular, para atender necessidades específicas detectadas pela equipe encarnada ou pelos instrutores espirituais. A tendência natural é realizá-las com um grupo mais restrito que o habitual, e muito raramente.

Sem a intenção de fazer paralelo, lembramos a inesquecível reunião mediúnica do Monte Tabor, onde o Mestre Jesus transfigurou-se em luz e confabulou com Moisés e Elias, desencarnados, em momento grave para os destinos humanos na Terra, nela só estando presentes João, Pedro e Tiago; os demais discípulos aguardavam na planície, abaixo, para que o Excelente Filho de Deus, plenificado no encontro com o Pensamento Divino (acompanhado das testemunhas que elegera), até eles descesse para dar continuidade à missão de que fora incumbido entre os homens.

Longe está o momento evolutivo em que nos identificaremos tão intimamente com o espírito do Evangelho a ponto de, quando juntos, formarmos grandes famílias aptas para as confabulações diretas com os bons Espíritos.

Se é verdade que o Espiritismo veio difundir amplamente a mediunidade nobre e popularizá-la, libertando-a
do caráter esotérico com que era examinada no passado,
para que ninguém se sinta órfão do ensino espiritual, também é verdadeiro que não a podemos expor a um meio ina-
dequado, sob pena de termos a sua luz ofuscada por nossa
precipitação.

*3 – Quantidade de participantes limitada, compatível
com a natureza específica da reunião e capacidade de
harmonização da equipe.*

Allan Kardec não estabelece um limite absoluto para
o número de pessoas, mas adverte para os prejuízos causa-
dos pela quantidade excessiva de participantes (*O Livro dos
Médiuns*, item 332). Naturalmente, quanto maior esse número, tanto mais difícil a homogeneidade de pensamentos.

Outros aspectos têm que ser considerados ao estabe-
lecer-se esse limite, entre os quais ressaltam o espaço físico disponível e a quantidade de médiuns ostensivos. Em
grupos com muitos participantes, a possibilidade de surgir
um número apreciável de médiuns é maior, e como a boa
ordem dos trabalhos impõe um limite às psicofonias simultâneas, alguns dentre esses medianeiros ficariam silenciosos
e impedidos de atuar.

André Luiz sugere que, antes de chegar a esse ponto,
o grupo se desdobre, dando origem a um novo (*Desobsessão*,
cap. 73), o qual seria conduzido, de início, sob a orientação
do grupo original, herdando-lhe naturalmente as qualidades. Esta providência dependerá obviamente de se dispor

de uma Direção capaz para a nova equipe, sem o que essa pecaria por falta de base e de representatividade; nesses casos, é preferível não criá-lo, porque o compromisso em mediunidade é com a qualidade e não com a quantidade pura e simplesmente.

Alguns autores propuseram números para definir a quantidade de participantes de equipes mediúnicas. Devemos considerá-los como experiências pessoais, jamais como normas absolutas.

André Luiz, por exemplo, propõe o número de 14 pessoas para uma equipe padrão especializada em desobsessão (*Desobsessão*, cap. 20). Allan Kardec sugere (naturalmente para as necessidades de sua época ou equivalentes) grupos de 15 a 20 membros (*O Livro dos Médiuns*, item 335); Léon Denis propõe equipes de 4 a 8 pessoas (*No Invisível*, 1ª Parte, cap. X); e Hermínio de Miranda afirma que o grupo pode ser constituído e funcionar bem até com duas pessoas, pois, segundo a palavra do Cristo, bastará que dois ou mais se reúnam, em seu nome, para que Ele aí esteja (*Diálogo com as sombras*, cap. I, "O Grupo").

A nossa proposta é no sentido de que não se fixem números, mas que se formem equipes adequadas e conscientes para o projeto específico de reunião para o qual o grupo seja convocado. Que se leve em conta, sobretudo, os compromissos assumidos, os quais vão se delineando com o tempo.

4 – Membros da equipe não comprometidos com práticas de intercâmbio espiritual de outras Instituições.

André Luiz propõe como um dos pré-requisitos para o participante de uma reunião mediúnica de desobsessão: *"Fixação num só grupo, evitando-se as inconveniências do compromisso de desobsessão em várias equipes ao mesmo tempo."* (*Desobsessão*, cap. 25).

Quais seriam esses inconvenientes imaginados pelo instrutor espiritual de a pessoa exercer a mediunidade continuamente em mais de uma equipe? Permitimo-nos colocar alguns, já que o Espírito não o fez, talvez por julgá-los óbvios ou fáceis de serem percebidos numa análise perfunctória.

As primeiras razões são de ordem higiênica, do ponto de vista da saúde, já que o médium deve preservar-se dos excessos. Todavia, concordamos que pessoas há, mais disponíveis e saudáveis, capazes de exercer mais de um compromisso mediúnico regular por semana. Que o faça, porém, no mesmo Centro e, de preferência, sob a mesma Direção, para que se evitem os conflitos de orientação.

Este nos parece o ponto fundamental que desaconselha o exercício mediúnico em Centros diferentes: as orientações particulares e os prejuízos daí decorrentes para o desenvolvimento do médium e para a consolidação do Movimento Espírita.

Perguntar-se-á: – a Doutrina Espírita não é única e os seus postulados práticos não são os mesmos?

Respondemos: – longe ainda estamos dessa concepção de entendimento amplo, de construção de uma unidade maior. Por enquanto, ainda precisamos de nossas experiências particulares no grupo afim, do corporativismo (porque não declará-lo) de nossas "escolas", até que a força do progresso nos coloque num patamar mais acima.

Os prejuízos para o médium, decorrentes dessa dupla vinculação – e mesmo para o participante que exerça outra função no trabalho mediúnico – são óbvios, ao receber aqui uma orientação e ali outra, às vezes, conflitantes.

Os prejuízos para o Movimento Espírita também existem e são muito mais danosos a partir do momento em que esses participantes venham a tornar-se alvos e veículos para disputas de competência entre dirigentes mediúnicos.

Explicamo-nos: imaginemos uma dessas pessoas – médium, doutrinador ou assistente participante – interessado honestamente em seu aprendizado, questionando seu dirigente nesses termos: "– Na reunião de que faço parte no Centro tal, a proposta é outra, diferente daqui, a postura mediúnica recomendada é essa ou aquela? As avaliações são dessa ou daquela forma?" Ao que, o dirigente abordado, também honestamente, poderá responder: "– Nosso trabalho baseia-se nessa ou naquela fundamentação teórica; a nossa prática é orientada pelos instrutores espirituais do Centro e, naturalmente, você deve optar, conduzindo-se aqui como estou orientando." Eis a base da dissensão lançada pelo rastilho de pólvora dos comentários que possam ser veiculados com as deformidades oriundas de nossa comunicação, tão deficiente quanto frágil, pela instabilidade de nossa personalidade que vem sendo retificada lentamente pelos ensinamentos evangélicos.

Nos congressos, encontros e seminários, as experiências são trocadas, os resultados obtidos pelos Centros Espíritas são analisados e o Movimento avança porque na medida do crescimento de nossa consciência espírita as coisas obsoletas e inconsistentes vão sendo descartadas.

Outro aspecto do problema que desaconselha esse exercício mediúnico descomprometido e ambulante é a necessidade de o trabalhador da mediunidade ser um elemento integrado no Centro, participante de suas atividades, e não apenas um frequentador de trabalhos experimentais. É muito difícil para ele cumprir tal desiderato quando se divide em trabalhos mediúnicos de duas ou mais Casas porque, via de regra, faltam-lhe tempo e motivação para investir nas tarefas outras do Centro de sua eleição, quando o tem.

5 – Cada membro da equipe ciente de sua função e de todas as demais inerentes ao trabalho mediúnico, não se aconselhando improvisações ou duplicidade de funções.

André Luiz afirma: *"Todos os componentes assumirão funções específicas"* (*Desobsessão*, cap. 20). Em outros capítulos dessa obra, o autor espiritual define papéis e responsabilidades, enfatizando as funções: dirigente, doutrinador e médium.

Incluímos como função o assistente-participante, que é aquela pessoa que trabalha unicamente para a sustentação vibratória da reunião – o que, aliás, é obrigação de todos –, acompanhando as doutrinações com interesse e mentalizando de forma positiva para o bom êxito da tarefa.

Comparamos o trabalho mediúnico ao exercício de saúde num hospital. O doutrinador assume o papel de médico ou terapeuta, contribuindo diretamente para a extirpação do mal; o médium funciona qual enfermeiro dedicado, amparando, fazendo curativos e veiculando a medicação

Reuniões Mediúnicas

prescrita; o assistente-participante funciona como o auxiliar de enfermagem, colocando-se à disposição para o que for necessário em termos de ajuda e apoio.

Tomemos como exemplo, agora, a atividade de uma fábrica: o doutrinador pode ser comparado ao supervisor de serviços passando instruções e diretrizes; o médium seria o operário especializado responsável direto pela produção, e o assistente-participante o ajudante encarregado do ferramental e de toda e qualquer ajuda que o serviço requeira.

A função de assistente-participante não é desprovida de importância como às vezes se pensa. Aliás, fazem parte da equipe auxiliar todos os demais, enquanto não estão em atividade nos interregnos de suas funções específicas. O dirigente, o doutrinador e o médium, portanto, nos intervalos entre uma e outra ação, estarão exercitando-se na cooperação geral. É por isso que foi dito que a obrigação de manter a sustentação vibratória da reunião é dever de todos.

Fica bastante claro, com estas comparações, que é de todo indesejável a improvisação ou a duplicidade de funções. Alguns companheiros têm passado a ideia de que o médium também pode substituir o doutrinador. Esse fato traduz, sobretudo, desorganização, constituindo-se uma improvisação perigosa, pois, sendo o médium uma pessoa ultrassensível, pode de um momento para outro ver-se envolvido pela Entidade sofredora, quando exercitando a doutrinação, em vez de sustentar a sintonia com o Espírito que inspira o atendimento.

Manoel Philomeno de Miranda, na Prolusão de *Grilhões partidos,* ao traçar o perfil de uma equipe mediúnica, define o campo de ação de médiuns e doutrinadores, chamando atenção para as qualidades específicas de uns e de outros. Não vemos como, a partir desses ensinos, elastecer o campo de ação dos participantes para que eles façam tudo.

Havendo necessidades de serviço, os guias espirituais podem modificar o campo de sintonia de um médium de tal modo que ele passe a ser um doutrinador. Mas, tal fato dar-se-á de modo permanente e duradouro e, nesses casos, a pessoa mudará efetivamente de função; nunca, porém, exercendo ambas simultaneamente.

DIREÇÃO E DOUTRINAÇÃO

Dirigente encarnado com experiência na doutrinação, conhecimento doutrinário e liderança natural capaz de exercer afeição sem privilégios e de orientar com bondade e firmeza.

Estes requisitos não esgotam os atributos da função de dirigente.

Allan Kardec refere-se enfaticamente à superioridade moral como condição indispensável para inspirar respeito aos Espíritos inferiores (*O Livro dos Médiuns*, item 279).

Léon Denis propõe que a Direção seja confiada a uma pessoa excelentemente dotada do ponto de vista das atrações psíquicas e digna de simpatia e confiança (*No Invisível*, 1ª Parte, cap. X). Essa capacidade de atrair, congregar e de estimular é própria do líder, aquele que tira de seu entusiasmo, de seu exemplo e de sua competência a força para convencer, sustentando a participação. É preciso, contudo, que essa liderança não seja imposta, mas conquistada. O dirigente deve ser aquele em quem os instrutores espirituais confiam, constituindo-se perante o grupo o representante desses Espíritos no plano físico.

Tomamos de André Luiz uma excelente proposta, quando nos apresenta o perfil do dirigente de um grupo mediúnico por ele observado: – *"Este é nosso irmão Raul Silva, que dirige o grupo com sincera devoção à fraternidade"* (grifos nossos).

Devoção à fraternidade! É exatamente a qualidade de não ter preferências, a fim de que se possam abrir os braços para amar a todos como um irmão e um pai. Este é o papel do dirigente.

Atendimentos aos Espíritos sofredores conduzidos de forma amorosa e segura, com tato psicológico, através de diálogos respeitosos e objetivos.

Na Prolusão de *Grilhões partidos*, Manoel Philomeno de Miranda propõe que os encarregados de dialogar com os Espíritos sejam dotados de lucidez para oferecerem um campo mental harmonizado, a fim de facilitar a comunicação com os instrutores desencarnados e, desse modo, cooperarem com *a pauta do programa, evitando discussão infrutífera, controvérsia irrelevante, debate dispensável ou informação precipitada e maléfica ao atormentado, que ignora o transe grave de que é vítima.*

Ante esse roteiro traçado pelo benfeitor, desdobramos algumas observações, frutos da experiência e de outros ensinos recebidos dos amigos espirituais, os quais apresentamos a seguir.

O diálogo com os Espíritos sofredores deve ser conduzido num tom de voz natural, de forma coloquial, sem a preocupação de se fazer ouvir por todos os componentes do grupo. Nunca esquecer, o doutrinador, que está conversando com um *indivíduo* que, mesmo não possuindo mais um corpo físico, conserva reações psicológicas similares às daqueles que ainda estão encarnados, precisando, naquele instante, de atenção especial. É quando se deve transmitir-lhe compreensão e otimismo para a superação de suas dificuldades na transição pela sepultura.

Deve-se, portanto, pronunciar as palavras com profunda delicadeza para o envolvimento vibracional, não se esquecendo da austeridade, sem o autoritarismo radical, nas ocasiões do atendimento aos Espíritos malévolos e impenitentes da Erraticidade. Evitar explanações doutrinárias discursivas e, sobretudo, não fazer críticas ostensivas ou veladas pelo estado de sofrimento apresentado pela Entidade comunicante que está sendo atendida.

Atuar mais com o sentimento de bondade do que com palavras excessivas. Deixar o Espírito externar-se para identificar a causa oculta do problema, antes de tomar o pulso da comunicação para ajudá-lo corretamente. Não se preocupar em identificar quem é a personalidade sofredora que se comunica, pois o trabalho de intercâmbio espiritual tem por base a caridade anônima. Desnecessário explicar a razão do sofrimento atual, antes de minorar suas dores, trazendo à baila o comportamento incorreto durante a existência carnal, porque isto tem efeito semelhante ao de um ácido a queimar as fibras íntimas da criatura sofredora.

Quanto menos informações forem dadas, melhor, inclusive não se utilizando sistematicamente da terminologia espírita, tampouco insistindo na sugestão para que o comunicante adote a postura oracional, pois quem está vivenciando sensações desesperadoras não tem a mínima condição de entender ou assimilar conceitos e conselhos de que não está interessado.

O doutrinador deve ter sempre em mente que a finalidade do fenômeno da psicofonia, em sentido prioritário, é o contato do Espírito sofredor com o fluido animalizado do médium para a ocorrência do chamado "choque anímico". Allan Kardec utilizou o termo fluido animal, porque na ligação perispiritual entre o comunicante e o médium, para que se processe a psicofonia, acontece uma transferência de elevada carga de energias animalizadas que são absorvidas pelo desencarnado, produzindo-lhe um choque energético que promove o seu despertamento para uma realidade nova de que ainda não se deu conta.

Isso se torna necessário porque, na desencarnação, o ser inteligente leva consigo inúmeras impressões físicas e mentais que permanecem no seu campo perispiritual depois da morte biológica. Daí o conceito doutrinário de que morrer definitivamente é ter consciência e familiaridade com o mundo que passa a habitar.

Por isso, o doutrinador deve ser muito cauteloso no momento de fazer a revelação quanto à condição em que se encontra o Espírito que está sendo atendido. Precipitar o conhecimento de sua morte biológica pode causar-lhe um trauma desestruturador da emoção, de consequências desagradáveis, tanto para ele quanto para o médium, que recebe as descargas psíquicas do sofredor.

Consideremos alguém que teve morte repentina decorrente de uma crise cardíaca, sem nenhum conhecimento da Vida espiritual, acordando num ambulatório médico e sendo atendido por uma pessoa que lhe diz de chofre: *"– Você já morreu."*

Naturalmente a reação imediata é a de descrença: *"– Como pode isto ter-me acontecido? Eu estou vivo e dizem--me que já morri!"* Se o doutrinador persiste na ideia de convencer o Espírito, poderá desencadear o medo e, em seguida, o pânico patológico, não resultando da revelação nada de positivo para o bem-estar da Entidade sofredora. Neste particular, a função do doutrinador é de efeito preparatório, deixando a cargo dos benfeitores espirituais a escolha do momento adequado para fazer com que o desencarnado tome conhecimento de sua nova realidade.

No diálogo com os Espíritos empedernidos no mal, a técnica de doutrinação também exige cuidados especiais quanto a forma com que deve ser praticada. Essas Entidades sabem do estado em que se encontram e agem intencionalmente para perturbar o desenrolar da programação previamente estabelecida pelos instrutores espirituais.

Uma pergunta se impõe de imediato: *"Por que razão permitem os mentores espirituais esta intromissão aparentemente inoportuna?"* Simplesmente para aprendermos as lições decorrentes dessa convivência e, ao mesmo tempo, neutralizar a influência malfazeja dessas Entidades sobre os encarnados. Enquanto estão ligados aos médiuns, perdem força, descarregando uma parte considerável das energias que antes direcionavam para suas vítimas.

O doutrinador deve precaver-se, a fim de não se deixar envolver pela tática usual desses Espíritos, qual seja a de provocar discussão com o intuito de roubar o tempo disponível para o atendimento aos sofredores e ao mesmo tempo perturbar o ambiente mediúnico por meio de irradiações desagradáveis que a todos irritam, provocando mal-estar generalizado.

O tratamento ideal no relacionamento com o visitante desse tipo é o da amabilidade com austeridade, mantendo-se a ascendência moral, demonstrando não estar atemorizado com as ameaças ostensivas e não se deixando contaminar com a violência do linguajar vulgar e desafiador. Sobretudo, manter uma confiança irrestrita na ação dos benfeitores espirituais. Lembrar-se ainda de que não se deve utilizar de argumentos falsos para fazê-los desistir dos seus propósitos, mas os levar a uma reflexão mediante ponderações e advertências honestas quanto verdadeiras.

No trabalho de doutrinação, o encarregado dessa tarefa deve estar conscientizado da grave responsabilidade que assume, não somente no que diz respeito aos desencarnados, mas também na questão dos danos físicos, emocionais e espirituais que pode causar ao médium quando o atendimento não é feito de forma correta.

Outro tipo de ocorrência que deve ser evitada, a todo custo, é o doutrinador tocar no médium no transcorrer da comunicação. Este é um hábito inconveniente sob qualquer aspecto considerado, que promove, no médium, uma irritação extremamente desagradável, danificando, em certos casos, a sua aparelhagem mediúnica e nervosa. Até mesmo uma aproximação exagerada, dobrando-se sobre o médium para ouvi-lo melhor, pode provocar essas irritações por invadir o campo de aura do sensitivo em expansão nesse momento crítico de seu trabalho de doação.

A nenhum pretexto deve o médium ser seguro pelo doutrinador, pois não é a força física, e sim a psíquica, que atua efetivamente para controlar os impulsos da Entidade comunicante, refletidos no comportamento do medianeiro.

Finalmente, o doutrinador, depois do atendimento ao sofredor, deve transferir de imediato a sua atenção para o médium que, não raro, para se reajustar na roupagem carnal, depois do estado de transe, necessita de uma transfusão de energias magnéticas através dos passes.

OBJETIVOS E AVALIAÇÃO

1 – Conscientização quanto aos objetivos fundamentais das reuniões mediúnicas que são: demonstração da imortalidade da alma, a instrução de seus participantes e ajuda aos sofredores da Erraticidade.

A demonstração da imortalidade da alma que a faculdade mediúnica enseja através da comunicação dos Espíritos é colocada por Allan Kardec como uma metodologia voltada para a erradicação da incredulidade, o que ressalta da assertiva já colocada na 1ª Parte desta obra de que *o fim providencial das manifestações é convencer os incrédulos de que para o homem nem tudo acaba com a vida terrena...*

Para que as reuniões mediúnicas alcancem tal desiderato devem ser capazes de produzir comunicações úteis e convincentes. Daí o codificador aconselhar que não fossem introduzidos nelas falsos objetivos e motivações ilegítimas, tais como proselitismo, interesse nas revelações sobre o futuro, curas graciosas, lucros e outros interesses de cunho personalístico, porque não sendo as manifestações destinadas à satisfação de aspirações materiais, orientá-las nesse sentido significa um perigoso desvio, uma defecção grave que expõe os seus membros à ação mistificadora dos Espíritos mentirosos numa primeira fase, a sujeição a esses Espíritos na fase seguinte, culminando numa encarnação fracassada com a perda dos frutos do Espiritismo.

Reforçando esses ensinos, Allan Kardec propõe: *"O objetivo de uma reunião mediúnica séria deve consistir em afastar os Espíritos mentirosos"* (*O Livro dos Médiuns*, item 330). Anexando a questão do objetivo à preocupação em preservar as reuniões do assédio dos Espíritos mentirosos, é como se o codificador nos estivesse advertindo de um perigo grave e permanente, impossível de ser superado quando se desvia a reunião de seus objetivos.

A instrução dos participantes como objetivo, também já examinada na 1ª Parte, é reforçada quando se afirma que: *"as reuniões instrutivas são as em que se podem haurir o verdadeiro ensino."* (*O Livro dos Médiuns*, item 327).

No item seguinte (328), Allan Kardec define o alcance desse ensino ao afirmar que a instrução espírita abrange, além do ensinamento moral dado pelos Espíritos, o estudo dos fatos, a teoria de todos os fenômenos, a pesquisa das causas, enfim, tudo o que possa contribuir para o avanço da Ciência. É armado com esse conhecimento que os participantes das reuniões se habilitam progressivamente para o serviço em benefício dos Espíritos sofredores, conforme preconizado em *O Livro dos Médiuns*, item 281, através dessa admirável síntese: *"Todos podemos tornar-nos úteis, ao mesmo tempo em que nos instruímos"*.

O enfoque apresentado nesta obra, para o que possa ser percebido como objetivos, é uma discussão filosófica de princípios gerais que podem ser utilizados para nortear qualquer experiência prática.

O Movimento Espírita vem adotando uma compreensão de objetivos mais especificamente voltada para o gênero e natureza de trabalhos mediúnicos, numa tentativa de se estabelecer tipos e modelos, o que é muito válido em termos de organização do processo, mas que não devem ser colocados como excludentes de outras metodologias.

Há uma tendência, hoje, de se distinguirem as reuniões em duas classes: de educação ou desenvolvimento mediúnico e de desobsessão. As primeiras, acoplando-se estudo teórico e adestramento, principalmente de médiuns em formação, e a segunda voltada para as terapias desalienantes em favor de encarnados e desencarnados. No documento *Orientação ao Centro Espírita*, a Federação Espírita Brasileira estabelece um roteiro orientador de excelente qualidade para essas reuniões.

Há Instituições, todavia, que não classificam de antemão os seus trabalhos, deixando que o próprio crescimento do grupo e as diretrizes do Mundo espiritual superior conduzam o labor de acordo com as possibilidades da equipe. Nessas Instituições, a iniciação dos médiuns principiantes dá-se em contato com os médiuns já formados, o que também pode levar a excelentes resultados.

2 – Senso de autocrítica e hábito de avaliação de resultados, individual e coletivamente.

André Luiz, no livro *Desobsessão*, capítulo 25, enumera alguns itens por ele considerados importantes para o êxito e segurança mediúnica, iniciando a série de recomendações com a autocrítica.

Essa crítica de si mesmo é a base para que o médium se capacite emocionalmente para receber a alheia, que lhe é muito positiva quando feita por pessoas desinteressadas, imparciais e benevolentes.

Kardec aconselha em *O Livro dos Médiuns*, item 329: *"Todo médium que sinceramente deseje não ser joguete da mentira deve procurar produzir em reuniões sérias e solicitar o exame crítico das comunicações como meio único de escapar ao perigo da fascinação."*

Algumas metodologias de avaliação são muito úteis e podem ser adequadas ao sabor psicológico de cada grupo, entre as quais destacamos: os comentários após os trabalhos, a conversa entre doutrinadores e médiuns, os grupos de estudos etc., envolvendo não apenas os médiuns ostensivos, mas todas as funções inerentes ao trabalho. Convém lembrar que, independente da avaliação técnica de nosso desempenho no âmbito da função que exercemos, há uma avaliação maior que não pode ser descurada, por ser a razão e a finalidade de nosso existir como Espírito eterno, qual seja a de sabermos se estamos efetivamente realizando o progresso intelecto-moral e se a reunião mediúnica está ajudando-nos nesse desiderato.

3 – Avaliação do desempenho mediúnico pelo critério da facilidade e equilíbrio com que as comunicações ocorrem.

Ao classificar os bons médiuns (*O Livro dos Médiuns*, item 197), Allan Kardec caracteriza aqueles que são seguros como: *"Os que, além da facilidade de execução, merecem toda a confiança pelo caráter, pela natureza elevada dos Espíritos que os assistem..."* (Grifo nosso).

É pela conquista do automatismo que a mediunidade revela-se, depois de vencidas as etapas naturais da inexperiência e da educação íntima, proporcionando a passividade equilibrada. Manoel Philomeno de Miranda, no seu livro *Temas da vida e da morte*, capítulo "Educação íntima", propõe que tal desiderato só se concretiza após um largo período de experimentação vivenciado com austeridade moral, disciplina, estudo e concentração.

4 – Avaliação da autenticidade das comunicações pelo critério da coerência entre a evolução do Espírito comunicante, sua linguagem e as qualificações do médium.

No capítulo XX de *O Livro dos Médiuns* encontra-se farta fundamentação para esse item.

Vejamos a regra geral: *"A alma* (do médium) *exerce sobre o Espírito livre uma espécie de atração, ou de repulsão, conforme o grau de semelhança entre eles. Ora, os bons têm afinidade com os bons e os maus com os maus, donde se segue que as qualidades morais do médium exercem influência capital sobre a natureza das comunicações..."* (item 227).

Havemos de considerar também a ressalva apresentada pelos Espíritos: *"Um médium imperfeito pode, algumas vezes, obter boas coisas[...], se dispõe de uma bela*

faculdade[...], à falta de outro, em circunstâncias especiais."
Constitui-se um excelente exercício examinar que circunstâncias são estas que fazem os Espíritos se utilizarem de médiuns imperfeitos [2], isso para que não acolhamos evasivas e
argumentos descabidos para acobertar pessoas desassisadas
e médiuns iludidos que não se aperfeiçoam a ponto de me-
recerem a convivência dos bons Espíritos e, mesmo assim,
colocam-se como porta-vozes de suas mensagens. Há que se
ter cuidado com os médiuns pretensiosos que, parecendo
ou não, são levianos e pouco sérios.

    Reflitamos com o Espírito Erasto: *"Certamente, po-
dem eles dizer, e às vezes dizem, coisas aproveitáveis; mas nesse
caso, principalmente é que um exame severo e escrupuloso se
faz necessário, pois de envolta com essas coisas aproveitáveis,
Espíritos hipócritas insinuam com habilidade e preconcebida
perfídia, fatos de pura invencionice [...], se pois um médium
qualquer que ele seja, se tornar objeto de legítima suspeição,
pelo seu proceder, pelos seus costumes, pelo seu orgulho, pela sua
falta de amor e caridade, repeli suas comunicações, porquanto
aí estará uma serpente oculta entre as ervas..."* (item 230).

    É nesse ponto que a apreciação da linguagem faz-se
importante. Acompanhemos o raciocínio de Allan Kardec:
*"Se um Espírito apresenta-se com o nome Fénelon, por exem-
plo, e diz trivialidades e puerilidades, está claro que não pode
ser ele. Porém, se somente diz coisas dignas do caráter de
Fénelon e que este não se furtaria de subscrever, há senão prova
material, pelo menos toda probabilidade moral de que seja de
fato ele..."* (item 255).

---

2. Consultar nossa obra *Vivência Mediúnica* (nota dos autores).

Embora não se provando nesses casos a identidade, pode-se estabelecer a presunção de que, não sendo quem assina, *"é um Espírito do mesmo grau de elevação, ou talvez até um enviado seu"* (item 256).

"O caso muda de figura quando um Espírito de ordem inferior se adorna com um nome respeitável, para que suas palavras mereçam crédito[...]. Graças a esses nomes de empréstimo, e, sobretudo, com o auxílio da fascinação, é que alguns Espíritos sistemáticos mais orgulhosos do que sábios, procuram tornar aceitas as mais ridículas ideias."

Foi por isso que Allan Kardec expressou a sua preocupação máxima com relação à crítica ao recomendar: *"Em se submetendo todas as comunicações a um exame escrupuloso [...], rejeitando-se tudo o que peque contra a lógica e o bom senso [...], leva-se o desânimo aos Espíritos mentirosos [...]. Repetimos: este meio é único, mas é infalível pois não há comunicação má que resista a uma crítica rigorosa...* (item 266).

A relevância do assunto levou-nos a sintetizar do capítulo XXIV da referida obra, itens 262 a 267, algumas das principais características dos Espíritos bons e superiores:

Atributos – Bondade, afabilidade, simplicidade e modéstia.

Linguagem – Isenção de trivialidades, nobreza, elevação. Só dizem coisas boas e jamais se vangloriam.

Conselhos – São muito escrupulosos. Quando os dão, objetivam um fim sério, eminentemente útil e racional.

Estímulos – Não lisonjeiam; aprovam o bem feito, mas sempre com reserva.

Crítica – Lamentam as fraquezas, criticam os erros, mas sempre com moderação. Jamais se ofendem com a crítica em relação às suas comunicações, pois que eles próprios a aconselham. São reservados com todos os assuntos que possam trazer comprometimento.

Repugna-lhes desvendar o mal; procuram atenuar os erros e praticam a indulgência.

Gracejos – Quando o fazem, procedem com finura e vivacidade.

Depoimentos – Só dizem o que sabem; calam-se ou confessam o que desconhecem.

Profecias – Quando conveniente, fazem que as coisas futuras sejam pressentidas; não determinam datas, costumeiramente.

*5 – Avaliação das reuniões pelo critério
do bem produzido, desaconselhando-se
avaliá-las pelo mal que nelas não aconteceu.*

O esforço por superar nossas imperfeições morais e a prática do bem de forma continuada e abnegadamente nos favorecerá com a companhia vibratória desses numes tutelares, tornando os nossos experimentos mediúnicos exitosos e mais produtivos.

Não há muito o que acrescentar em relação ao que já foi colocado na 1ª Parte, com relação a este item.

O nosso esforço de crescimento passa por muitas fases: a primeira delas é a parada na trajetória do mal quando nos alcança o arrependimento; a segunda é quando sofremos o impacto expiatório que nos remete ao passado, para regularizá-lo; a terceira, quando somos brindados por oportunidades provacionais que constroem o futuro; e a quarta e última é a vivência do bem perene, eterno, através do serviço e autodoação. É o *fora da caridade* [...], para o qual a Doutrina nos acena como o vértice de chegada de todos os caminhos.

O grupo mediúnico é oportunidade santa de percorrermos essas quatro estações de nossa jornada redentora. Avaliemo-nos a cada passo e cresçamos na direção de Deus.

Este livro foi impresso na
LIS GRÁFICA E EDITORA LTDA.
Rua Felício Antônio Alves, 370 – Bonsucesso
CEP 07175-450 – Guarulhos – SP
Fone: (11) 3382-0777 – Fax: (11) 3382-0778
lisgrafica@lisgrafica.com.br – www.lisgrafica.com.br